Indiana

Copyright by © Butterfly Editora Ltda. 2002

Direitos autorais reservados.
É proibida a reprodução total ou parcial, de qualquer forma
ou por qualquer meio, salvo com autorização da Editora.

(Lei nº 9.610, de 19 de fevereiro de 1998.)

Direção editorial: **Flávio Machado**
Assistente editorial: **Dirce Yukie Yamamoto**
Chefe de arte: **Marcio da Silva Barreto**
Capa e projeto gráfico: **Ricardo Brito**
Imagens da capa: **Hongqi Zhang e Holger Mette
Dreamstime.com**
Fotolito da capa: **SERMOGRAF**

Catalogação na Fonte do Departamento Nacional do Livro

A381i	Alexandria, Lina de.
	Indiana / Lina de Alexandria. – São Paulo : Butterfly, 2002.
	ISBN 978-85-88477-10-0
	1. Literatura brasileira I. Título.
	CDD: B869

Butterfly Editora Ltda.
Rua Atuaí, 383 – Sala 5
Vila Esperança/Penha
CEP 03646-000 – São Paulo – SP
Fone: (0xx11) 2684-9392
www.flyed.com.br | flyed@flyed.com.br

Impresso no Brasil, no outono de 2009 pela:
SERMOGRAF – Artes Gráficas e Editora Ltda.

4-4-09-2.000-15.000

Indiana

Romance de
Lina de Alexandria

BUTTERFLY
EDITORA

São Paulo – 2005

Sumário

PREÂMBULO 7

NUVENS NEGRAS 9

A FILHA DA ESPERANÇA 43

CRESCIMENTO 69

DESCOBERTAS 89

MUDANÇAS 111

OS IRMÃOS 130

A BUSCA 170

O MEDALHÃO 192

CONCLUSÃO 215

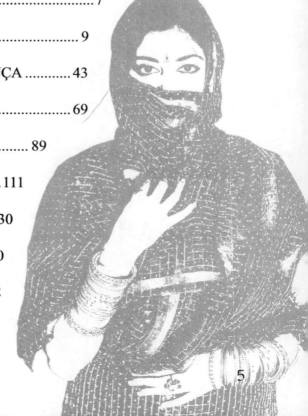

Preâmbulo

NO SILÊNCIO DA NOITE, MUITOS DORMIAM E NEM sequer imaginavam que mentes perturbadas tramavam contra o destino de milhares de pessoas. Como o murmúrio do mar que, aparentemente tranqüilo, pode trazer um maremoto devastador.

Esta narrativa romanesca vem apresentar uma linda história de vidas que se unem por amor e por ódio, fazendo-nos refletir sobre nossas ações e em como podemos ser os causadores de nossos sofrimentos.

Por meio das duras lições vividas, Natasha aprende a reunir forças para crescer espiritualmente e nos mostra que sempre é possível encontrar o amor desapegado ao reconhecermos no outro nós mesmos.

Nuvens Negras

– SASHA!* SASHA! ONDE, POR DEUS, ESTÁ ESTE MENINO? Quando é que este infeliz vai aprender que tem de me ajudar?

Um homem que aparentava ter mais de cinqüenta anos, mas que tinha bem menos, gritava violentamente. Ele trabalhava muito, preocupado com os dias difíceis por que passava seu país e com os rumores de que a guerra chegava cada vez mais perto. Tudo indicava que dias negros em toda a Europa estavam por vir. Ansiava passar para seus filhos tudo o que fosse possível para que eles pudessem enfrentar as dificuldades que poderiam surgir. Paulo era pobre, mas tinha uma pequena casa e uma loja modesta no interior da Polônia em uma cidade chamada Poznan. Vendia variados produtos, mas não possuía dinheiro suficiente para fazer os negócios progredirem e também não era um homem muito saudável. Sonhava fazer do filho um grande negociante, mas primeiro era preciso achá-lo depois da escola, pois o garoto sempre sumia de

---

* Sasha, em russo, quer dizer Alexandre.

casa para ficar com outros "desocupados" – assim ele denominava todas as crianças que queriam ser apenas crianças.

– Papai ainda não encontrou Sasha. Hoje ele parece mais nervoso que nos outros dias – falou bastante preocupada Natasha, a filha mais nova do casal.

– Então me ajude aqui na cozinha, não quero que brigue com você também – disse a mãe antecipando o que iria acontecer com o filho.

– Por que papai não lembra que ele é apenas um menino? – falou Natasha, fazendo cara de amuada.

– Porque seu pai se preocupa com o bem-estar de vocês. Parece muito duro, mas saiba, minha querida, que ele deseja que mesmo nestes tempos difíceis tenhamos o melhor, e para isso é preciso trabalhar muito.

– Sabe, mamãe, quero que meus dias sejam sempre cheios de sorrisos, como os dos bebês, que ainda não sabem o que a vida nos traz de dor – falava como se estivesse vendo em sua imaginação pequenos bebês sorridentes.

– Quem lhe disse que os bebês não conhecem a dor da vida?

– O padre disse que sempre devemos sorrir como os bebês!

– Sim, minha querida, mas a vida nem sempre está repleta de sorrisos, devemos saber disso, é por esse motivo que seu pai se preocupa tanto com vocês.

Sasha tinha apenas dez anos, enquanto Natasha estava com oito. A diferença de idade entre eles não era grande, mas em um país conservador como a Polônia as meninas ficavam com a mãe para aprender as tarefas domésticas e os meninos iam aprender o ofício do pai e tinham de estudar muito; todos os pais queriam exibi-los como troféus.

Indiana

Sasha entrou ofegante pela casa adentro, sabia que não iria escapar de seu pai, que esbravejava de raiva contra sua molecagem.

– Não creio que vá conseguir que nosso pai lhe perdoe, ele me parece muito bravo mesmo! – adiantou-se a menina, bastante apreensiva com o irmão.

– Vá cuidar de sua vida, Natasha. Vejam só, onde é que estava o grande rapaz? – dizendo isso, Paulo pegou a orelha do garoto e a puxou para cima fazendo com que Sasha se contorcesse de dor.

– O que lhe tenho avisado? Já não disse que precisa me ajudar na loja? O que pensa que vai se tornar, um vagabundo como muitos? Não, meu caro, irá trabalhar como eu trabalhei, e como meu pai trabalhou até a morte!

Paulo o arrastou e o levou para a loja; não foi a primeira vez que Sasha foi castigado por estar brincando depois das aulas. Muitas outras vezes ainda voltaria a ser castigado.

Os anos se passaram e Sasha, ainda bem jovem, já tomava conta dos negócios e da família.

– Como está, Sasha? – perguntou Natasha, aproximando-se dele com doçura.

– Minha querida irmã, fico feliz por me visitar! – Deu-lhe um forte abraço.

– Sei que deveria visitá-lo mais vezes, mas não posso deixar mamãe sozinha, papai lhe dá muito trabalho! – O rosto de Natasha era de tristeza, ficava penalizada por saber quanto seu pai sofria em razão da doença.

– Como ele está passando esses dias? – perguntou Sasha. Por mais que se esforçasse para estar presente, sabia que tinha mesmo era de trabalhar para não faltar nada à sua família.

– Muito mal, a doença o atormenta de dores, corrói sua carne, assim disse o médico. Ele ainda poderá sofrer por muito tempo, mas se Deus tiver piedade... – interrompeu-se, sem conter o soluço de dor.

– O que ia dizer, Natasha? – Sasha não queria acreditar no que a irmã estava pensando.

– Não sabe quanto sofrimento vejo, nossa pobre mãe chora calada por ver papai sofrer, e ele pede a Nosso Pai Celestial para levá-lo!

– Sei o que pensa, mas tem de pedir a cura de papai, e não sua morte!

– Não creio que haja cura para nosso pai, Sasha. Já se passou muito tempo. Os médicos trocam de remédio e trazem novidades todo o tempo, mas ele não melhora, só vejo nosso pai se contorcendo de dor na cama e nossa mãe padecendo dia após dia de ver tanto sofrimento!

– Muitas vezes fico aqui a pensar que ele já sabia que iria ser assim. Lembra-se quanto ele insistiu para que eu aprendesse os negócios e tomasse conta da loja? Sabe, se não fosse assim, o que seria de todos nós? – Mesmo tendo recordações de que ele e Natasha não tiveram uma infância cheia de brincadeiras e molecagens, ele sabia que o pai estava apenas fazendo o que lhe parecia certo.

– Tenho de concordar com você. Diga-me, como estão meus sobrinhos e a minha cunhada? – Natasha precisou mudar de assunto, pois não podia mais conter as lágrimas.

– Estão lindos! Quanto a Sarah, tem muito o que fazer, com as crianças ainda pequenas. E você, quando pensa em se casar?

– Bem, ainda vamos esperar mais um pouco, não posso deixar mamãe e papai sozinhos – disse Natasha, embora no seu íntimo não visse a hora de casar-se.

Indiana

– Sinto ter deixado este fardo em suas costas, minha cara irmã! – dizendo isso, Sasha colocou a mão sobre o rosto dela, fazendo-lhe um suave carinho.

– Meu caro, tem seu próprio fardo, por que pensa no meu? – Tentou ser solidária e entender que Sasha precisava mesmo era continuar a manter todos, o que só conseguiria se trabalhasse com afinco na pequena loja.

– Sinto por você deixar a felicidade de lado e ficar vendo tanto sofrimento!

– Acha que seria feliz se partisse e deixasse nossos pais, que nos deram tanto amor, precisando de mim? Jamais farei isso, Sasha. Vou ficar e, quando as coisas melhorarem, então me casarei. Eu e Jan somos jovens, teremos muito tempo um para o outro.

– Sim, mas não pensa em ter filhos, assim como eu?

– Caro irmão, só os terei quando as dores de nossos pais acabarem, não importa quando!

– Sinto ouvi-la falar assim, mas o tempo passa!

– Não serei apressada como você, terei mais calma! – falando isso, esboçou um leve sorriso maroto, ao lembrar da pressa do irmão em se casar.

– Não fui apressado, fui apenas curioso! – tentou argumentar Sasha.

Não se contiveram e deram gargalhadas ao lembrarem de quando Sasha entrou em seu quarto apavorado ao saber que ia ser pai e que teria de casar. Estava assustado com a possível reação dos pais de ambos com justa razão. Quando souberam, ficaram furiosos, mas com o casamento tudo se arranjou.

– Veja, tudo acabou se arrumando. Hoje sou um homem que tem uma família e meus filhos me trazem muita felicidade. Eles também gostam muito que a tia os visite.

Lina de Alexandria

– Sasha, eu vou, mas prometo voltar. Deixe as dores de papai diminuírem, que passarei um dia inteiro com vocês!

– Sim, vamos esperar que cumpra sua promessa.

– Agora vou embora, quero passar na igreja e orar um pouco. Em casa parece-me que as orações não estão sendo ouvidas lá no Alto! – disse olhando para cima, como se estivesse procurando algo.

– Não seja tola, creio que o que vem pedindo está além daquilo que os espíritos protetores podem conceder! – Sasha advertiu-a.

– Sim, mas vou continuar pedindo, um dia papai vai parar de sofrer – respondeu com amargura na voz.

Natasha despediu-se do irmão, deixava-o com tristeza, gostava de estar com ele, mas não haviam tido muito tempo de serem amigos, de compartilharem as alegrias da juventude. Seus pais sempre os ocupavam com afazeres, tiveram pouca chance de ser crianças e com isso se mantiveram separados, mesmo com a pouca diferença de idade.

Natasha seguiu para a igreja. Ali, o silêncio era quebrado apenas pelos soluços e murmúrios; as pessoas talvez reclamassem de algum tipo de dor ou procurassem entender, assim como ela, a vontade dos céus. Natasha sentou-se em um local isolado e passou a orar com fervor.

"Tenho tantas vezes procurado entender a vida, questiono tudo, até mesmo a ausência de coisas que não sei por que nos faltam, vi minha mãe sorrir tantas vezes e agora a vejo apenas chorar debruçada aos pés da cama, esperando a morte de meu pai. Eu o vejo tão fraco, sempre foi um homem doente, mas jamais se entregou como nos últimos dias. Sabiamente nos criou ensinando que a vida não nos dá somente alegrias, temos de estar sempre preparados para enfrentar os contratempos. O tempo todo nos alertou para os dias de nuvens negras, estávamos sempre prontos para o pior, não tínhamos as brincadeiras de crianças e nem mesmo o carinho amoroso de nossos pais. Éramos vigiados como se esperassem que de um momento para outro nos arrancassem deles. Peço, meu Deus, cuide dele assim como ele sempre cuidou de nós, creio que já estamos preparados para o pior."

Ficou ali, ajoelhada, meditando, envolvida na tranqüilidade que a igreja proporciona. Avistou o padre Samuel chegando com cuidado, devagar, para não perturbar quem estava voltado em prece para o Alto.

Respeitosamente, Natasha aproximou-se dele e beijou-lhe a mão.

– Como vai, padre?

– Vou bem, Natasha. Como anda seu pai? Fiquei sabendo que não tem tido melhoras, é verdade? – Seu olhar era de piedade e respeito.

– É verdade, tem piorado muito nesses dias, quando faz mais frio ele geme de dor. Sabe, é terrível vê-lo assim e nada podemos fazer para que sua dor seja menor!

– Sempre me lembro dele em minhas orações. Tenho certeza de que Deus estará ao lado dele nos momentos de tristeza e dor – disse, olhando para o altar como se esperasse que o santo ali entronizado confirmasse que tinha razão.

– Sim, padre. Eu também peço a Deus, mas acho que Ele não está me ouvindo! – Natasha voltou-se para a mesma direção que o padre, mas com um olhar reprovador.

– Sei como está se sentindo, minha filha, mas tudo o que Deus faz tem uma razão! – tentou o padre adverti-la com a voz suave. Sabia que neste momento difícil era preciso mais carinho que sermões.

– Mesmo que signifique muita dor?

Lina de Alexandria

– Natasha, você é muito jovem ainda, quando chegar à idade em que o tempo castiga nossa pele, verá que sentimos dores cruéis e mesmo assim ainda temos de sorrir ao sofrê-las. Saberá que temos de ser bem mais fortes do que poderíamos imaginar ser. Seu pai é um homem como poucos, tem lutado bravamente contra essa doença e vem se saindo bem; quando chegar a hora de partir, ele irá em paz porque lutou até o fim!

– Não vejo como isso pode ser bom, padre.

– Não vê agora, mas verá mais tarde! – o padre tinha convicção do que dizia.

Natasha sabia que nada, nem ninguém, iria conseguir convencê-la de que o que seu pai sentia não eram apenas as dores do corpo.

Voltou para casa, chegando lá, tudo estava como havia deixado. Mais tarde seu noivo Jan chegou para a visita costumeira. Tinham pouca liberdade para conversar, a mãe ficava ao lado dos dois, não queria que acontecesse o mesmo que acontecera com Sasha. Natasha esperava que pudessem casar logo, seu sonho era ter sua própria família e tinha certeza de que seriam felizes. Jan era um rapaz esforçado, trabalhava com o pai em seu negócio próprio, não eram ricos, mas teriam o bastante para uma vida simples e com conforto.

Passados alguns meses, o pai de Natasha faleceu. Sua partida, apesar de esperada, foi muito penosa para todos. A viúva chorava desconsolada e pedia a Deus para que não tardasse também em buscá-la.

Os membros da família reuniram-se para dar uns aos outros o consolo necessário naquele momento de extrema dor.

Depois de passado o período de luto, foi marcada a data do casamento. Natasha, apesar da tristeza, sabia que esse dia seria para

Indiana

ela de grande alegria, queria se entregar ao amor que escolhera. Em seu coração havia muito amor e queria dá-lo, sem medo, tal como muitas mulheres fazem quando amam de verdade.

Iriam morar na casa de sua mãe, não poderia deixá-la sozinha, teriam de estar juntas. Enquanto o marido saísse para o trabalho, ficariam em casa entregues aos afazeres domésticos, teria muitos filhos e olharia para todos com muito amor.

Estava tudo muito bem planejado por Natasha. Ficava horas olhando e arrumando o que havia comprado ou feito para seu enxoval; tudo era muito bem cuidado e bem guardado, mas sentia vergonha de sentir felicidade ao ver sua mãe com os olhos tristes, ainda muito abalada com a morte do marido. Contudo, Natasha não poderia passar a vida toda esperando para ser feliz, fizera tudo o que estava ao seu alcance, agora desejava cuidar para que sua vida começasse a sorrir.

Certa manhã, Natasha acordou com uma grande desordem, acompanhada de vozerio. Eram gritos aflitos de pessoas em desespero. Ela abriu a janela e viu homens correndo, falavam coisas como tropas, guerra...

Ela então saiu de casa impetuosamente tentando parar alguém que lhe falasse o que estava acontecendo, mas as pessoas corriam e choravam.

– Sejam todos excomungados – gritavam alguns –, que o inferno seja o lugar destes soldados!

O que estavam dizendo? Quem eram aqueles homens uniformizados que eram xingados e cuja morte a população desejava?

Paralisada ali, no meio da confusão, ainda com roupas de dormir, viu-se arrastada por soldados que usavam uniformes estranhos. Tentou resistir e voltar para casa, mas foi empurrada, e, sob a mira de armas apontadas em sua direção , ela foi seguindo não sabendo para onde. Sua mãe iria buscá-la, talvez aqueles fossem soldados protegendo-os dos inimigos que estavam chegando... mas aqueles uniformes não eram os mesmos que os poloneses usavam! Foi forçada a subir em um caminhão; quando se negou a isso, recebeu um golpe na cabeça que a deixou tonta, sendo logo puxada por um soldado que subira no caminhão para arrastar as pessoas para cima. Ainda não estava conseguindo entender o que estava acontecendo, o porquê de tudo aquilo, o que eles queriam. E sua mãe? Como poderia avisar Sasha? E seu noivo? Estava às vésperas do seu casamento. Deus, o que estava acontecendo? Era um pesadelo? Será que logo acordaria ao lado de sua mãe e dariam boas risadas?

Isso não aconteceu. Os soldados colocaram o caminhão em movimento e um deles ficou junto aos prisioneiros com a metralhadora apontada para eles. Foram jogados ali contra a própria vontade; a maioria, como Natasha, não sabia o que estava acontecendo.

Depois de o caminhão rodar muito, o frio foi aumentando e o terror também. Estava muito escuro quando finalmente o carro parou. Colocados para fora, viram que estavam em um campo de prisioneiros. Puseram-se a caminhar em fila, como ordenavam os soldados, que gritavam e apontavam as armas ameaçadoramente, deixando claro que estavam dispostos a atirar se fosse preciso. Como nem sempre o medo de morrer é maior que o medo da prisão, um dos prisioneiros preferiu correr para fora do campo na tentativa de escapar; sem pestanejar o soldado atirou, nem mesmo mandou o pobre homem parar. Desse modo promoveu um aviso de alerta a todos. O corpo do homem tombou e o sangue se espalhou rapidamente diante dos olhares perplexos.

Indiana

Foram trancados dentro de um grande galpão e nada sobre o que estava acontecendo lhes foi falado, o porquê de estarem todos presos, arrancados de suas casas como se fossem bandidos sangüinários.

Natasha, com a cabeça ainda dolorida, muito temerosa, pedia a Deus que seu sonho acabasse logo para, então, tomar o café da manhã com sua mãe.

— São soldados alemães — dizia um homem, como se conhecesse muito bem de quem se tratava.

— Mas o que está acontecendo para estes soldados nos prenderem? — outro perguntou, olhando à sua volta e esperando que alguém lhe respondesse.

— Creio que a guerra tenha começado e nós somos seus primeiros prisioneiros! — alguém lamentou.

— Mas como podem invadir nosso país e nos arrancar de nossas famílias como se fôssemos animais? — as palavras saíam quase como fogo que queima, pela fúria e ódio que iam se plantando em cada um.

— Teremos de saber mais, para termos certeza do que está acontecendo! — disse outro homem.

— O que mais vai querer saber, que estamos prestes a morrer sem nem mesmo sabermos ao certo a razão? — Com isso todos se entreolharam e o desespero tornou-se ainda maior.

— Não posso morrer, tenho uma família que depende de mim, tirem-me daqui, seus soldados imundos, tirem-me daqui, somos livres, não somos bandidos como vocês, que usam uniformes para matar pessoas indefesas e mulheres que não sabem nem mesmo o que é uma guerra... — o homem falava e esmurrava a grande porta.

— Não grite, amigo, poderemos morrer todos por sua imprudência... — dizia uma mulher entre lágrimas.

Lina de Alexandria

– Então, ficaremos aqui ou seremos mortos como aquele que tentou fugir?

– Teremos de nos calar. Não sei o que eles estão pretendendo, quem sabe logo nos soltarão? – disse um homem para quem parecia mais sensato pensar assim.

– Crê mesmo nisso? É pior que aqueles que estão a nos vigiar, está cego ou com mais medo que todos aqui... – A discussão continuava entre alguns presos, enquanto outros se mantinham calados, apenas ouvindo.

Natasha ouvia a conversa. Se continuassem assim, logo estariam brigando, não bastava a violência que haviam sofrido ao serem arrancados de suas casas e transformados em prisioneiros, agora iriam matar-se para saber quem tinha razão?

O sol já ia alto e o nervosismo também aumentava, mas ninguém veio lhes dizer nada. Natasha olhou para as crianças que ali estavam, choravam. Uma mulher tentava acalmá-las, seriam seus filhos? Será que Sasha tinha conseguido escapar? Pedia a Deus que sim, talvez ele tivesse ido buscar sua mãe e salvado a todos.

Logo que o sol caiu, os homens começaram a esmurrar a porta e a gritar, falavam o que vinha à cabeça, os palavrões iam se tornando comuns, as crianças se assustavam ainda mais, porém nada era feito do lado de fora. A escuridão logo se fez presente, uma nuvem negra pareceu se apossar do lugar. Exaustos, alguns adormeciam, as crianças choravam de fome, e, mesmo sabendo que ali havia crianças, os soldados não se compadeceram. Natasha tinha ouvido seu pai dizer que durante uma guerra muitos eram feitos prisioneiros, como ela e toda aquela gente ali agora.

A noite parecia que jamais iria acabar. O frio foi entrando pelos pequenos buracos nas paredes do galpão; o dia amanheceu, com mais gente sendo arrastada para dentro do galpão. As mulheres choravam desesperadas, pois tinham sido separadas de seus familiares, os homens tentavam reagir, mas eram machucados com violência pelos soldados. O que eles iriam fazer com tanta gente amontoada? O nervosismo tomava conta do coração de todos. Agora sabiam o que era a guerra, eram prisioneiros dos soldados alemães. A comida não parecia fazer parte dos planos deles. A fome provavelmente seria a maior arma contra os prisioneiros, que sabiam que com fome e fracos seriam facilmente controlados. Mas como proteger as crianças? O que tinham as pobres e inocentes crianças com isso? Chorando de fome, iam passando o tempo. Assim passou mais um dia e mais uma noite.

Na manhã seguinte, os soldados entraram no galpão e levaram as crianças. Alguns minutos depois foram ouvidos tiros. Todos os que estavam ali começaram a gritar, muitos a chorar, "os malditos mataram as pobres crianças!".

Nunca mais as crianças foram vistas.

À medida que iam passando as horas, chegavam mais prisioneiros, muitos procuravam saber de seus familiares, mas tudo que sabiam era que toda a Polônia estava sendo invadida e dominada pelos alemães, que foram rápidos e pegaram o país sem nenhum preparo e que a luta na rua era sangrenta, muitos bravos soldados poloneses eram surpreendidos e mortos covardemente por soldados inimigos!

No grande galpão a fome ia enfraquecendo a todos, e Natasha sentia o corpo pesado. Não falava com ninguém, apenas ouvia. Soldados entravam e levavam pessoas, arrastando-as como se fossem animais prontos para o abate ou traziam mais pessoas. Natasha não acreditava mais na hora do despertar, entendia que tudo aquilo era real e que essa hora jamais chegaria!

Uma tarde, soldados entraram e colocaram todos para fora, muitos não conseguiam parar em pé, estavam durante muitos dias sem comer nem beber água, estavam fracos demais, principalmente os mais velhos. Foram então separados em grupos enquanto os soldados bem armados vigiavam. Ninguém se atrevia a correr, até porque isso era mesmo impossível de acontecer, já que todos estavam muito fracos. Natasha, porém, não percebeu o olhar sobre si de um homem que ostentava patente superior e era o responsável pelo batalhão. Dirigindo-se a ela, ele mandou que voltasse para o galpão.

Ali ficou com outras mulheres, não eram muitas. Como todas estavam assustadas demais, nada parecia melhorar e cada minuto era um tormento.

Natasha foi levada por uma mulher com aparência nada animadora, devia ter aproximadamente quarenta anos. Era gorda, seu aspecto era o de uma pessoa que se alimentava muito bem. Natasha foi deixada em um quarto que tinha uma janela com grades. Percebeu que a mulher a tinha trancado ali; mais tarde ela retornou com uma grande bacia, logo em seguida um soldado trouxe água, que colocou na bacia. Olhou Natasha maliciosamente, ela começou a se preocupar.

Natasha tomou banho como havia muito não fazia, foram trazidas roupas limpas, que não eram de mulher. Cortaram seu longo cabelo deixando-o muito curto, finalmente lhe deram comida. Depois de alimentada, foi deixada ali no quarto, trancada, onde havia uma cama. Natasha atirou-se sobre ela e dormiu muito!

Foi acordada pela mulher que a conduzira para o quarto, que mostrou que tinha trazido mais comida. Natasha começou a receber boa alimentação, agora estava limpa e dormia em cama macia. Olhava para fora e via soldados indo e vindo, prisioneiros serem arrastados, viu muitas vezes serem mortos sem piedade. Quando os soldados percebiam que ela estava olhando, davam gritos de repreensão; a mulher passou então a manter a janela fechada. Natasha agora só podia ouvir gritos e tiros, sabia que pessoas inocentes eram mortas.

Certa tarde estava ajoelhada apoiando-se na cama e conversando com Deus:

"Eu estou tentando entender o que se passa, estou aqui em um quarto limpo, cama bem-arrumada, lençóis trocados com freqüência, aquela mulher me faz trocar de roupa sempre que tomo banho, sou bem alimentada. Sei que a qualquer momento vai cobrar-me por tantos cuidados, mas com que pagarei? Não sou tratada como as outras pessoas que aqui chegam, os soldados me olham com um olhar malicioso, tenho medo do que poderão fazer comigo, tenho sentido tanta amargura, o que foi feito dos meus parentes? Sinto tanta falta de meu noivo, íamos nos casar e tudo era feito com amor e agora não sei nem se ainda está vivo e, se estiver, onde, por Deus, estará? Meus sobrinhos, será que fizeram com eles o mesmo que fizeram com as crianças que vi aqui? Meu Deus, peço que tenha piedade, sou temerosa e não sei o que pensar, será que continua aí escutando minhas orações? Pai nosso que estás no céu, santi..."

Ouviu a porta abrir-se, por ela não passou a mulher que sempre vinha, mas sim um homem, não era um soldado comum, era um tenente. Seu uniforme estava muito limpo e ele parecia ter saído do banho, pois se sentia muito bem seu frescor. Era bem alto, muito claro, cabelos loiros, e em seus olhos azuis havia uma frieza cortante, era como se estivessem vazios ou até mesmo congelados. Natasha manteve-se ajoelhada, apenas

Lina de Alexandria

vendo-o aproximar-se devagar, olhando-a. O tenente trancou a porta atrás de si.

A jovem tentou levantar-se, mas seus movimentos não obedeciam, seu corpo pesava sobre seus joelhos. Queria ter terminado sua oração, sentia que teria de orar muito, aquele homem se parecia demais com a morte que assombrava todos os que estavam presos ali, sentiu que todos o odiavam.

Chegando bem próximo, ele pegou em seu braço forçando-a a ficar em pé. Mesmo em pé ela era bem mais baixa que ele, suas mãos eram frias, então sentiu no seu íntimo que ele era mesmo a morte, mas um outro tipo de morte, que nos consome em vida e nos transforma em zumbis.

– Estava fazendo o que ajoelhada? Pensa que ficar falando sozinha aqui vai ajudá-la? – falou em um polonês com sotaque carregado, e, olhando ao redor, continuou ironicamente – Veja, não adiantou muito; tudo o que vocês aprenderam na igreja apenas fez de vocês pessoas fracas. Foi muito fácil entrar na Polônia, muitos até morreram sem saber quem os matou.

Natasha não falou nada, ficou apenas olhando nos olhos do tenente, que nada parecia sentir senão desprezo por aqueles que não eram alemães.

– Vou poupar sua vida, em troca será minha. Voltarei vez ou outra para visitá-la, estará sempre bem limpa, terá boa comida, o que não acontece com muitos que estão do lado de fora daqui. Eu serei um homem gentil! – Mesmo tentando parecer gentil, sua voz era desprezível.

– Não quero que me toque! – Natasha tentava escapar de suas mãos.

– O que pensa que está dizendo? Não tem muita alternativa, eu a escolhi, e a terei, e se gostar a terei sempre que quiser! –

Indiana

dizendo isso passou as mãos sobre o corpo de Natasha, que tentou fugir, mas as mãos dele eram fortes, segurou-a firmemente e jogou-a sobre a cama. – Não vou tolerar resistência, sou eu quem dá as ordens! Não importa quais são, todos, me ouviu, todos me obedecem, inclusive você, polaca! Livrei-a da morte, tem de ser muito grata a mim! – Ele era prepotente e não fazia questão de esconder isso dela.

Natasha levantou-se deixando bem claro que não cederia tão facilmente. Amava seu noivo e pretendia entregar para ele seu amor, mas o tenente foi muito mais rápido e era mais forte também. Rasgando sua roupa, desnudou-a e com muito mais rapidez jogou-a na cama. Natasha lutava, mas sem sucesso, não conseguia livrar-se daquele homem. Ele a beijava e sorria ao ver seu desespero. Viu-o tirar parte da roupa e se jogar por cima de seu corpo. Ela ficou sem fôlego com o peso do homem, isso dificultou ainda mais sua luta. Como uma boa guerreira, lutava, teimava, mordia, mas ele parecia não sentir nada; poucas vezes expressou dor. Natasha, porém, soltou seu próprio grito lancinante de dor, tamanha a violência com que sentiu seu corpo violentado pelo tenente, que cheirava à morte.

Satisfeito, colocou-se de pé, arrumou as roupas, passou a mão pelo cabelo bastante liso e sorriu para Natasha. Ela sentiu seu corpo todo dolorido, lutara muito, mas sentiu mais ainda a dor da inocência que lhe fora arrancada. O tenente saiu rindo, enquanto Natasha chorava muito. Apesar de saber que os cuidados que vinha recebendo teriam de ser pagos de alguma maneira, jamais pensou que seria assim.

Ela se encolheu na cama e ficou chorando por muito tempo, durante horas. Depois, a mulher gorda trouxe comida e roupas novas, mandou que tomasse banho. Não a olhava, parecia com um daqueles soldados, não sorria, não falava palavras agradáveis, apenas dava ordens.

Com muito custo levantou-se, tomou banho e vestiu a roupa que lhe trouxeram. Não quis comer nada, queria morrer, nem que fosse de fome, não seria usada como uma coisa qualquer, não daria a sua vida aquele rumo; pessoa de princípios, não cederia àquele monstro. Ele sorrira enquanto ela agonizava de dor, não teve nenhum cuidado para com ela.

Iria enlouquecer, ficava horas sentada sobre a cama absorvida pelo silêncio que, muitas vezes, parecia ser eterno. Podia ouvir quando os caminhões chegavam ou partiam, sabia também quando eram carros pequenos, ouvia os passos que ainda estavam longe de seu quarto, ouvia a marcha dos soldados que treinavam no pátio, ouvia quando a porta do galpão abria-se e fechava-se, não ouvia mais choro de crianças. Talvez as matassem antes de chegarem ali ou então eram mantidas em outros galpões. Depois de muitos dias, o tenente retornou até ela.

– Como tem passado? – falou como se a provocasse.

– Não morri, como vê, mas tenho certeza de que meu fim não será diferente deste, ou de muitos outros que vocês, alemães, capturam! – Não olhou para ele, procurou ignorá-lo, apesar do asco.

– Tem razão, mas enquanto não morre tire sua roupa. Não tenho muito tempo para brincarmos de cão e gato, vou ter de partir, mas quero sentir o perfume de uma mulher antes da longa viagem! – Não parecia mesmo estar com muita paciência.

– Não sou mulher, sou *polonesa*! – gritou para ver se ele desistia de possuí-la.

– Tem razão, mais uma vez, mas logo terei uma mulher de verdade, enquanto isso, você vai servir.

Sem outras palavras, forçou-a a tirar a roupa. Então sem nenhum cuidado possuiu-a, sorrindo-lhe como se gostasse mais de ver o sofrimento dela que o prazer que o sexo trazia a si próprio. Como da primeira vez, depois de se satisfazer, se arrumou e partiu.

Não eram freqüentes suas visitas, mas Natasha temia esse momento. Tudo o que queria era não ter de servi-lo mais como sua concubina. Sempre que o via, sentia raiva e nojo, não queria ouvir sua voz, sentir seu cheiro, mesmo sendo muito bonito. Sabia que a beleza externa dele era como a luz para a pobre mariposa, que poderia ser seduzida pela beleza sem atentar para o mal que lhe adviria.

Com o passar dos dias, Natasha via que alguma coisa estava mudando naquele lugar. O movimento havia diminuído e o tenente a visitava agora com mais freqüência. Será que a guerra estava acabando?

"Aquela maldita mulher não fala nada! Se eu tentar arrancar-lhe alguma coisa serei castigada, e além do mais seus braços parecem ter muita força", pensou Natasha.

Caminhava pelo quarto, orava por horas, e com o silêncio, às vezes mais longo, ficava em sua cama sentada, apenas alimentando sonhos que um dia poderiam suceder. Queria andar por campos abertos, ver a vida brotando da terra, em plantações de grãos. Não sentia falta disso quando vivia na sua cidade, talvez não soubesse como tudo era belo. Pela privação, agora Natasha compreendia. Ela sentia necessidade de sair, caminhar, ver pessoas andando livres, com roupas coloridas, sentir cheiros diferentes, ver rostos felizes, que tivessem a exata noção de estarem vivos. Este não era o caso dos oficiais alemães, todos tinham a mesma expressão para ela, já seu carrasco era a expressão da própria maldade.

Lina de Alexandria

A passagem dos dias já não importava para Natasha. Não queria mais saber o tempo que estava ali, queria pensar que cada dia era apenas aquele e que tudo acabaria. Pensaria então que tudo fora apenas um breve momento na sua vida, que logo voltaria ao normal.

Entretanto, tais delírios eram apenas momentos de refúgio provocados pela dor, por isso voltava sempre a cair em si sobre o que estava acontecendo. Com o passar dos dias no cativeiro, seu apetite tinha aumentado, sentia muita fome e não via a hora de a mulher trazer-lhe a comida. Sentia-se muito mal em saber que muitos do lado de fora morriam de fome, enquanto ela era bem alimentada, como um animal de engorda para ser servido em dia de festa, mas não podia fazer nada.

Não percebeu, porém, que começara a engordar. Por muitos dias não vira o oficial alemão. Sentia-se feliz e aliviada de não vê-lo. Desejou com todas as forças que ele morresse durante uma batalha.

Chegou a sonhar repetidamente que ele era morto com uma grande arma. Via seu sangue escorrer como o do pobre homem que tentou fugir no primeiro dia de cativeiro, via em seus lábios o mesmo sorriso enfeitando seu rosto, mesmo depois de morto, mas logo ele se levantava e a segurava pelas mãos sujando-a com seu sangue. Ela tentava escapar, mas ele não permitia, agarrava sua barriga e ria, dizia a ela que teria tudo! Acordava sobressaltada.

Era sempre o mesmo sonho, não entendia como podia sempre sonhar a mesma coisa repetidas vezes. Sentava na cama e pedia a Deus que levasse seus maus pensamentos, mas sabia que o desejo de que a morte o levasse era mais forte.

As visitas ainda prosseguiam; sua volta era certa. Foi ele que percebeu o que Natasha não havia desconfiado por inexperiência e ingenuidade.

Indiana

– De quanto tempo está grávida? – perguntou o tenente, chegando mais perto de Natasha para verificar se era mesmo o que suspeitava.

– Eu não estou grávida do senhor! – disse incrédula ante o que ouvia do oficial.

– Isto é o que vamos ver. Sua barriga está firme, você está mais corada, sua expressão... – declarou, contendo o sorriso.

– Não estou grávida, se estiver o matarei, não terei um filho de um alemão! – Natasha apertou a barriga com medo e ódio.

Dizendo isso, recebeu do oficial um forte tapa no rosto. Em seguida, dando-lhe as costas, ele saiu, trancando a porta. Deixou-a caída no chão com a violência do tapa. Era um homem alto e muito forte comparado a Natasha, que não tinha mais de um metro e sessenta, era graciosa, com uma pele fina e bem clara, olhos também claros e cabelos cor de mel.

"Não poderia estar grávida deste monstro", pensava, "não é justo para essa criança, nem mesmo para mim, o que farei com esse filho? Ainda sendo filho de um oficial alemão... Terei de abrigá-lo em meu corpo, dar meu calor e sentir seus movimentos em sintonia com os meus. Como não percebi o que se passava? Em meu corpo está se formando um ser e não fui cuidadosa em perceber, como será minha vida agora? Parece que o mundo estava dando um jeito de castigar todos os poloneses, qual teria sido o nosso pecado? O padre Samuel falou para que prestássemos atenção aos nossos atos, pois as cobranças divinas poderiam ser dolorosas. Será que, ao ver meu pai agonizando no leito da morte, não desejei erradamente que partisse logo para pôr fim às suas dores, seria esta minha dívida divina?"

O oficial logo retornou trazendo outro homem, vestido de branco; sendo um médico, talvez arrancasse aquilo que estava em seu ventre e logo tudo estaria acabado.

Ele a examinou e confirmou sua gravidez, que ainda não tinha chegado ao segundo mês, tinha pouco mais de cinqüenta dias. Se ele quisesse, poderia fazer um aborto.

– Não quero que faça um aborto – disse o tenente –, deixe a criança nascer, aí verei o que farei com ela, e também com esta inútil.

A surpresa de Natasha foi tanta quanto a do médico.

– Não vou deixar isso crescer em mim, se não o tirar eu mesma o matarei! – Esmurrava sua barriga, enquanto falava.

– Não vai fazer isso, eu lhe garanto! – O tenente segurou as mãos da garota para que parasse de se bater.

– Não pode me obrigar! – O olhar dela mostrava o que pretendia: evitar que a criança nascesse.

– Eu posso tudo o que eu quiser e você sabe muito bem disso, aqui eu mando, e você é minha prisioneira, e como tal, dono de você, falo e mando em você, agora fique quieta, não me irrite mais; vamos doutor, teremos muitas coisas para falar! – Deram-lhe as costas e saíram.

Mais uma vez viu a porta se fechar e ficou ali sozinha. Começou a pensar como faria para arrancar aquela criança de si. Só não contava com a astúcia do tenente. Ele mandou um soldado ficar dentro do quarto vigiando-a de perto. Depois de cada turno, e quando Natasha tinha de tomar banho, a mulher vigiava-a; era, assim, mantida sob vigilância e cuidados dia e noite, teria de ter o filho do maldito!

Começou a enjoar, ficava muitas vezes sem apetite e tinha crises contínuas de choro. O soldado que ficava de guarda olhava-a sem expressão alguma; tinha vontade de esmurrá-lo ou xingá-lo, até mesmo dizer palavrões, para ver se a expressão de seu rosto mudava. Parecia um boneco de louça que via nas mãos de meninas bem ricas, com um brilho em seu rosto de louça que não era verdadeiro, apenas um reflexo da luz.

À medida que o tempo escorria, sabia que não teria como fugir de contar os dias, pois mais à frente ela daria à luz. Já começara a sentir os movimentos do pequeno corpo em si e engordava. Muitas vezes se surpreendia acariciando sua barriga, com ímpetos de abraçá-la, mas logo lembrava de quem era seu filho e de que forma fora gerado, sentia então o ódio brotar em si.

Não tinha mais ouvido a chegada de outros caminhões, parecia que não traziam mais prisioneiros, e os que se encontravam encarcerados aos poucos pareciam calar-se, ouvia poucos gritos. Queria ver o brilho do Sol, mas só conseguia ver os raios que penetravam pelas frestas da janela , e era nesse espaço que só deixava adivinhar a guerra sangrenta que deveria estar ocorrendo que nasceria uma criança, sem amor algum. Desejando arrancar a criança de dentro de si, como permitiria que ela a chamasse de mãe?

Havia ainda a consciência de que o pai da criança era culpado por muitas mortes, entre as quais de crianças. Era duro saber que o sangue desse oficial alemão que agora corria em seu corpo estava misturado com muito mais sangue. Tudo o que mais queria era que, ao dar à luz, aquela criança morresse, para não tê-la nos braços.

O tenente agora apenas ia vê-la para saber como estava, mas nada falava. Ficava sentado em uma cadeira, com os olhos grudados em sua barriga. Ela não podia imaginar qual seria o destino daquela criança, apenas sabia que ele a queria, só não sabia por quê.

Chegado o momento de dar à luz, o tenente não estava. Natasha tentou ser valente e não gritar, mas a dor foi maior, e seus gritos foram ouvidos por todo o local; não demorou muito, deu à luz um lindo menino; a mulher que fez o parto limpou-o e levou-o consigo. Natasha, cansada, dormiu tranqüilamente.

Na manhã seguinte, o nenê foi levado para Natasha alimentá-lo. Ficou com a criança nos braços pela primeira vez, a mulher deixou-os vigiados pelo soldado, foi então que ela notou aquele pequeno ser, tão pequeno, indefeso; estava ali, sob seu breve cuidado, como era frágil! Queria vê-lo por inteiro e começou a tirar suas roupas, enquanto o soldado a observava; ao despi-lo, viu que era um menino, um pequeno e lindo garoto, tinha pouco cabelo, era quase vermelho, olhou bem para ele e sentiu vergonha de si mesma. Era seu filho, não importava quem era o pai. Estava ali agora, estivera dentro dela antes, sentindo tudo o que sentia, e iria sugar seu alimento, seu leite, que iria mantê-lo vivo até que crescesse o bastante para comer algo mais consistente.

Parecia que o tempo havia parado e que uma nova luz era projetada por entre as pequenas frestas da janela; estava segura com o pequeno filho que começava a soluçar e chorar nos seus braços. Como poderia ela amar aquele bebê se de fato o grande carrasco de sua vida era o pai da criança? Como seria a alma deste pequeno ser? Talvez tão cruel como a do pai? Seu sangue era contaminado com o sangue dos nazistas, que tinham espalhado a dor e a morte para tantos. Jamais iria amá-lo; o alimentaria, mas nunca daria a ele o seu amor, trocaria sua dor por muito ódio. Deus não deveria ter lhe dado uma criança fruto de um ser e de um povo que tinha dizimado os seus sonhos!

Não demorou muito e a mulher estava de volta para levar o menino embora; Natasha ficou sentada com piedade de si mesma e muita vontade de fugir, quis até mesmo pedir para que o soldado a matasse, assim seus olhos se fechariam para sempre e o terror daqueles dias enfim se silenciaria!

Indiana

Nos dias seguintes não houve muitas mudanças. Ela amamentava seu filho; nem mesmo havia escolhido um nome para ele, não queria se envolver com aquela criança, faria o que deveria ser feito para mantê-lo vivo somente; nem mesmo tomada pelo ódio poderia negar-lhe o leite. Sabia que logo o levariam para longe de seus braços e que guardaria apenas uma lembrança sua.

O tempo passava e Natasha já não pensava tanto em sua família, nem mesmo no noivo, pensava em sair daquele lugar e partir para muito longe, em recomeçar sua vida como se não tivesse havido o tempo que se iniciou com a invasão dos soldados. Mas será que um dia isso seria possível?

Certo dia, porém, tudo parecia diferente. Não haviam trazido a criança para que ela a amamentasse, também era possível ouvir muitos gritos: depois da calmaria, aquilo era diferente, era muita confusão, e ela não estava entendendo o que se passava. Até mesmo o soldado que mantinha guarda em seu quarto foi retirado e não mais retornou, sua comida foi bem mais parca que de costume. Depois que o menino nasceu, não tinha visto mais o tenente. Não que sentisse sua falta, mas estava começando a inquietar-se com o que estaria acontecendo à sua volta e que ignorava. Sentia que muita coisa estava fora do lugar naquele campo de concentração chamado Sobibor, os gritos tinham diminuído. Natasha, que estava sempre atenta, a partir daquele momento passou a observar ainda mais. Cada som, por menor que fosse, despertava sua atenção.

Um dia, escutou passos pelo corredor e logo seu maior terror entrou pela porta.

– Como vai, minha cara? – Os olhos do tenente pareciam ainda mais distantes.

– Veja com seus próprios olhos, senhor! – Havia ironia e amargura na voz de Natasha.

Lina de Alexandria

– Se pensa que seus dias neste quarto foram ruins, tenho de falar que em breve vai perceber que estava em um belo paraíso e que lhe dei muito mais do que era possível, minha cara – falou e deixou um breve suspiro escapar.

– Não me deu nada, senhor! Arrancou-me tudo que de mais puro havia em minha alma e se algum dia clamei ao inferno foi para que o levassem para lá. Você é o próprio demônio e colocou em mim sua maldita semente! – gritou Natasha para o enfurecer.

– Estou temeroso demais; por estes dias não lhe falarei mais nada, tentei poupar seu sangue, tão ruim quanto o meu. – respondeu o tenente, que, mesmo parecendo não possuir nenhum tipo de sentimento, transmitia tristeza em sua voz.

Natasha chegou bem perto do tenente e sem dizer nenhuma palavra cuspiu em seu rosto; ele a segurou pelo braço e a arrastou para fora do quarto. Depois de muito tempo, ela sentiu o sol bater novamente em seu rosto.

"Será que estou livre? Meu Deus, estarei livre finalmente? Voltarei para casa? O sol fere meus olhos, mas quero senti-lo, quero sentir o cheiro da vida que o vento traz de longe", pensava Natasha.

Ia sendo arrastada quando parou em frente a um grande caminhão negro, igual ao que a havia trazido para aquele lugar.

– O que está acontecendo? – Ainda tinha dificuldade com a claridade, devido ao sol forte que queimava seu rosto; tentava protegê-lo com os braços para poder olhar o oficial, que era bem mais alto que ela.

– Não posso mais mantê-la sob meus cuidados, minha cara, agora terá de contar com a sorte. Não se preocupe com nosso filho, tomarei conta dele.

Indiana

– Quero que morram, ambos, quero que morram da mesma forma que vi muitos de meus conterrâneos morrerem, que seus inimigos lhes tragam a mesma dor que vocês proporcionaram a todos aqui. – Levantou a mão e a fechou como se quisesse esmurrá-lo.

– Bem, vá, partirá com os outros, e tenha certeza, minha cara, jamais voltará a nos ver – a voz do oficial estava agora embargada de tristeza.

Natasha foi atirada para dentro do caminhão. Viu ao longe o tenente alemão estático e sem expressão alguma no rosto, os olhos igualmente inexpressivos, sem esboçar nenhum sinal ou gesto. Quis esquecer tudo o que tinha vivido naquele lugar, impregnado do cheiro de morte e desofrimento brutal.

Parecia que o caminhão nunca mais ia parar, por muitas horas foram sacudidos. As estradas estavam muito maltratadas por causa da guerra e havia muitas minas ainda por ali à espera de ceifar mais vidas. Ouviam-se tiros, de vez em quando; isso indicava que a guerra ainda continuava, só não conseguia entender por que havia sido necessário sair daquele campo. O que poderia estar acontecendo? Sabia que estava viva, mas por quanto tempo? Os olhos dos soldados estavam sempre atentos a qualquer movimento tanto dos prisioneiros quanto na estrada, sabiam que não estavam seguros por estarem viajando. Será que estavam fugindo? Mas a quem aquele exército temia? Seriam apenas manobras de guerra? Natasha formulava as perguntas, mas não encontrava nenhuma resposta que esclarecesse suas dúvidas.

Pararam numa estação, o caminhão foi abastecido e logo retomaram o percurso. Os prisioneiros não faziam idéia de seu destino; não podiam conversar entre si e nada podiam fazer, mas rezavam para chegar a algum lugar, não importava onde, em que pudessem partir e ser livres. Entretanto, o que Natasha estava percebendo, que condizia com o que o tenente havia dito, era que não estavam indo para um lugar em que encontrariam amigos.

O cansaço e a fome dominavam seu corpo. Estava bem alimentada, mas depois de muitas horas sem comer estava ficando fraca e sabia que talvez fosse demorar muito para se alimentar de novo.

Finalmente, o caminhão reduziu a marcha. Natasha, então, percebeu que estavam em outro campo de concentração, chamado Treblinka. Era bem parecido com o anterior, era tão deprimente quanto o outro, mas as pessoas pareciam mais sofridas. Foram arrancados do caminhão e, em fila única, conduzidos pelos soldados a um galpão.

Natasha em desespero sentiu lágrimas brotarem em seus olhos. Foi levada a sentir uma dor jamais sentida, como se tivesse ouvido sua sentença de morte. Seu coração bateu mais depressa, invadida de imenso medo, seu pavor parecia que explodiria dentro dela. Olhou ao seu redor como se o mundo não existisse mais e como se houvesse apenas um grande abismo onde ficaria totalmente sozinha. A chegada a esse lugar significou para Natasha a morte de suas esperanças. Olhava para as pessoas que ali já estavam, que também olhavam a todos. As pessoas estavam muito magras, sujas, as mulheres com cabelos desalinhados, era um cenário medonho. Em comparação àquelas pessoas, ela tinha boa aparência, estava limpa e com saúde. Teve a sensação de ter saído do céu e caído nas profundezas do inferno. Aquelas pessoas possivelmente em outros dias teriam feito qualquer coisa para sair daquele lugar, mas agora não pareciam mais se importar. Aqueles moribundos pareciam não ter mais vontade ou sentimentos, nem mesmo dor, tinham sido sugados e estavam totalmente vazios, não havia nem mesmo carne sobre seus ossos. A desolação total havia finalmente encontrado Natasha e não parecia ter intenção de deixá-la ou a qualquer um que estivesse naquele lugar.

Como seres humanos poderiam fazer a seus semelhantes coisas tão cruéis, jogando-os ali como animais para o abate, enterrando-lhes todas as esperanças?

Não trouxeram nenhuma refeição, mas sabia, se tivessem lhe dado, que não poderia comer, seu estômago estava embrulhado e cheio de dor, não haveria lugar para mais nada.

Havia cama para alguns, os demais deveriam dormir no chão. Deitada no chão, Natasha tentava dormir, mas o sono não vinha, tudo o que via eram os sonhos dos tempos em que estava em Poznan com sua família; agora não sabia nem mesmo se ainda estavam na Polônia. Precisava saber onde, em que terras, ela se encontrava juntamente com aqueles companheiros de cárcere que aparentemente ainda se mantinham vivos.

O movimento fora do galpão era intenso e Natasha logo percebeu que mais prisioneiros estavam chegando. Com sua audição muito apurada, percebia o movimento dos soldados. Não se ouvia choro entre os que chegavam nem mesmo das crianças, todos se mantinham calados, tamanha a dor que habitava seu íntimo ao verem a miséria e perceberem que não seriam soltos.

No dia seguinte, Natasha notou que nesse campo poderiam sair dos galpões, e que alguns, calados, faziam tarefas dentro do campo e eram sempre bem vigiados pelos soldados. Quanto às novas pessoas que haviam chegado, os soldados nada lhes perguntaram nem mesmo pareciam notá-las; supunha-se que dias muito duros deveriam ter tido, pois todos andavam de cabeça baixa como se estivessem escondendo a vergonha de estar naquele lugar e não ter coragem de lutar, ainda que a única liberdade possível fosse a morte.

A comida que foi servida parecia ser sobra de alimentos, não teve coragem de comer. Sabia que passaria fome e provavelmente só comeria quando não mais suportasse, então nem mesmo notaria que eram apenas restos.

Percebia que ninguém queria ficar próximo um do outro, procuravam sempre estar sozinhos, falavam muito pouco entre si. Muitas vezes tentou falar com alguém, mas nada era respondido, ainda a olhavam com muita desconfiança, não sabia o porquê, era prisioneira como eles, mas parecia que a viam como uma espiã alemã devido a sua boa aparência, porém estava sofrendo tanto quanto eles, fora humilhada, usada contra sua vontade e tinha tido um filho de um homem do qual sentia ódio, tanto pelo indivíduo como por toda a sua raça.

Não demorou muito, percebeu olhares dos soldados alemães para ela, começou a ficar inquieta, sabia que aqueles olhares estavam carregados de malícia e tinha de procurar ficar longe do alcance deles.

O que Natasha temia, porém, aconteceu. Foi arrancada do seu canto no meio da noite por dois soldados. Começou a gritar em desespero, pediu socorro, mas em vão. Não soube por quanto tempo foi torturada pelos soldados, mas quando quiseram, satisfeitos, largaram-na no chão. Ela foi se arrastando até o galpão e logo se largou sobre o lugar em que dormia, com muitas dores no corpo. Quando amanheceu, ficou ali, não queria ver, nem mesmo saber quem continuava ali, ficou de olhos bem fechados, tentando prolongar a escuridão para não lembrar de que continuava viva.

Passou o dia todo daquela maneira, queria se lavar, mas não tinham água suficiente nem para beber quanto mais para tomar banho, seria impossível. Percebeu os olhares das mulheres em sua direção. Não sentiam pena dela, pareciam recriminá-la. Havia sido

Indiana

estuprada por soldados alemães e a faziam sentir-se culpada, que tipo de pessoas seriam aquelas?

Quando o dia se foi e a noite chegou, Natasha procurou ficar acordada, não queria ser pega de surpresa, mas os soldados não voltaram e ela acabou dormindo, vencida pelo cansaço.

Os dias iam se passando, Natasha começou a executar algumas tarefas, e assim o tempo ia sendo preenchido e ela fugia da sensação de estar enlouquecendo.

Numa outra noite sem lua foi novamente arrancada do canto onde dormia. Só que, desta vez, ela reagiu. Natasha tinha em suas mãos um pedaço de madeira parecendo uma estaca, com que se acostumara a dormir desde o primeiro ataque. Lutou como uma fera, perfurou o abdome de um deles, como se faz com golpes de faca, mas logo outros soldados apareceram, trazidos pelos gritos do soldado ferido. Natasha apanhou muito, mas ao ver o sangue que escorria de um deles vibrava e sorria vitoriosa!

Por causa da surra que levou dos soldados ficou muito machucada e desfigurada; seu rosto de traços suaves agora se escondia atrás de grandes marcas roxas; seu braço parecia ter se deslocado, doía muito, mas de todo modo estava muito feliz, não deixaria que nenhum outro alemão tocasse nela, nem que tivesse de morrer.

Demorou muito para se recuperar, mas quando começou a caminhar novamente percebeu que havia ganhado o respeito de todos ali.

Novamente começou a perceber que tudo se inquietava, começava a escutar gritos, muitos gritos de mulheres; teve a sensação de que aos poucos todos ali perderiam a razão e estariam envolvidos na loucura imposta pelos horrores que os alemães praticavam com eles. Logo chegou mais um inverno e sentiam muito frio e muita

Lina de Alexandria

fome; as lembranças de casa agora estavam definitivamente muito distantes. Todos os que ali estavam amargavam terrível medo dos alemães e do que reservava o dia seguinte ou até mesmo as próximas horas, que corriam marcadas de sangue. A vida era importante apenas para quem a queria somente para si. Natasha olhava à sua volta e via restos humanos, seres deformados, no local o silêncio era a lei, não podiam falar entre si e se assim o fizessem logo seriam castigados. Ficava se perguntando o que havia feito de tão errado para que Deus a estivesse castigando tão duramente. Não conseguia parar de questionar, e quanto a todos ali, quais seriam suas dívidas? Não poderia nem mesmo imaginar a razão de tantos horrores; as pessoas não deveriam odiar-se, mas ela também sentia agora muito ódio no coração.

Aos poucos, Natasha ia ficando com o mesmo olhar vazio, sem expressão. A esperança era apenas uma palavra vaga de que pouco procurava se lembrar, dominava agora o vazio. Mulheres e homens aos poucos sumiam, gritos, muitos gritos ainda se ouviam, todos sabiam que eram dos prisioneiros que já não estavam mais naquele galpão.

Mas em determinado dia houve grande movimentação, os soldados saíram como loucos, armados, em seus carros, gritavam que estavam perdidos, que o inimigo estava chegando. Os oficiais e outros homens que não eram vistos com freqüência também fugiram nos carros, assim como homens e mulheres vestidos de branco, que pareciam ser médicos e enfermeiras que cuidavam exclusivamente dos alemães. Eles jamais tinham se importado com a saúde de prisioneiro algum, os quais eram logo mortos pelos soldados quando ficavam muito doentes.

Os prisioneiros notaram que apenas dois soldados tinham ficado para fazer a guarda. Os outros foram embora. A comida, que

Indiana

já não era bastante, acabou de vez. Muitos adoeciam pela fraqueza e pelo frio, que, com o passar dos dias, aumentava. Ao perceberem que os soldados tinham ido para longe e não voltariam, dominaram os dois guardas e, assim, todos os que podiam andar fugiram do campo de concentração.

Natasha andava com muita dificuldade, quase se arrastando, como muitos outros. Caminhavam sem saber para onde, mas a sensação de poder ir, apenas ir, era muito boa, andavam mergulhados em seu silêncio. Estavam acostumados a não conversar, condicionados ao medo e ao hábito do silêncio forçado, também não havia muito o que dizer, apenas tinham de caminhar, mas não sabiam se no lugar em que estavam seriam ou não hostilizados.

Chegou a noite, muitos estavam cansados, a fome castigava ainda mais; a estrada era muito perigosa e era beirada por áreas de mata, onde se ouviam, muitas vezes, vozes. Escondiam-se, temiam tudo, até mesmo quem pudesse ajudá-los, mas em guerra como identificar quem era amigo ou inimigo?

Muitos iam ficando para trás, não agüentavam a cansativa caminhada, mas Natasha teimava em sua estrada, parava vez ou outra, queria continuar, não iria parar, começava a sentir seus pés feridos, tossia e parecia faltar-lhe o ar para respirar, ia chegar a algum lugar, não importava o tempo que demorasse, ia chegar e encontraria alguém que pudesse levá-la para casa, longe de todo aquele horror que seus olhos viram e jamais esqueceriam.

Agora a fome e o frio eram seus maiores inimigos, muitos tomaram a direção da mata mais densa, mas ela caminhava na direção das estradas, sabia que assim chegaria a alguma cidade e logo veria pessoas que lhe abririam os braços e a acolheriam.

Quando encontrava pequenos frutos nos arbustos, comia-os para manter-se viva, embora sem conhecê-los e descansava da

Lina de Alexandria

caminhada bem escondida, pois agora estava sozinha, os outros tinham tomado direções diferentes. "Assim é a vida", pensava consigo, "cada qual tem seu próprio caminho, posso estar errada, mas serei apenas eu a pagar por meus próprios erros, ninguém vai me acusar por ter me acompanhado se, por infelicidade, voltar a encontrar algum alemão".

Sua saúde começou a piorar com o frio que sentia. Sua pouca roupa, insuficiente, rasgada por causa das brigas e pelo longo tempo de uso, não a protegia do frio e nada fazia passar o frio que sentia em sua espinha; parecia que estava a romper-se cada vez que tossia, resolveu sentar para descansar...

A Filha da Esperança

– OLHE, DAHALIN, PARECE UMA MULHER. SERÁ MAIS uma prisioneira que também resolveu fugir daquele maldito lugar? Deveria ter esperado! – Apontava o tenente inglês para a pequena figura deitada no chão.

– Se estivesse no lugar deles, também não esperaria, senhor. Estavam aflitos por demais, não poderiam imaginar que logo chegaria socorro. – lamentava Dahalin, ao ver mais uma das vítimas daquela guerra cruel.

– Soldado, ajude-me, pegue a pobre mulher e coloque-a no carro, vamos levá-la para o hospital, espero que ainda esteja viva! – falava o tenente esperançoso.

– Temos todos de lutar pela vida, senhor. Creio que ela estava fazendo isso, caminhando por esta estrada, provavelmente perdida – Dahalin chegou bem perto para ver se ainda estava viva.

– Também penso assim, Dahalin. Veja, meu amigo, não conseguimos achar sua adorada filha, mas conseguimos ajudar uma jovem mulher – lamentou o tenente.

43

Lina de Alexandria

– Vou pensar em suas sábias palavras, senhor, mas tenho de alimentar minhas esperanças, não quero voltar para casa sem ela. Shinara sofre por não saber o que realmente aconteceu com nossa filha; esta guerra trouxe muito sofrimento, espero que todos tenham aprendido com ela o que veio ensinar!

– Quero acreditar em você, sei que é um sábio em sua terra e um homem de grande riqueza, mas o que uma guerra tem de bom a nos ensinar?

O tenente Charles olhava curioso para Dahalin, um homem indiano honrado, um comerciante que morava em uma cidade chamada Agra, ao norte da Índia. Charles aprendera a respeitá-lo, a despeito de ele exibir aparatosamente um grande turbante, hábito comum em seu país, e uma túnica sempre em cores claras e alegres. Sua maneira exótica de se vestir era apenas um detalhe que não o perturbava, preocupava-se somente com a tristeza do amigo.

– Humildade – disse Dahalin –, é o ensinamento que a alma não pode jamais esquecer. Em minha terra, a Índia, muitas vezes, somos sacudidos por grandes provações que o destino nos manda para não nos esquecermos dos ensinamentos dos mestres antigos que viviam em comunhão com a divindade. Você pode achar que isso está errado, mas sempre buscamos respostas nas formas que nos são apresentadas, o que não acontece com sua gente, que está preocupada apenas em valorizar o corpo e a aparência, esquecendo-se da maior riqueza que temos, a alma. Esta nunca nos é arrancada e jamais se acaba, como acontece com a nossa vestimenta ou nosso corpo. Nossas mãos enfraquecem com o passar dos anos e logo não poderemos mais levantar pesos, mas jamais seremos impedidos de uni-las uma à outra para orarmos a Deus. Isso, a guerra nos traz de volta, a fé que muito nos escapa – falando assim, uniu as mãos, como se estivesse mesmo a falar ao Alto.

44

Indiana

O tenente o admirou ainda mais, pois apesar de estar sofrendo com o desaparecimento de sua filha nem assim deixava de tirar de seu sofrimento uma lição de fé e devoção. Era um homem muito respeitado em sua terra e também na Inglaterra. Com grande determinação conseguira obter autorização para acompanhar uma missão inglesa de resgate de soldados em campos de prisioneiros, o que o ajudaria na procura de sua filha, sem muito sucesso até então. O tenente inglês queria dizer ao amigo indiano que sua filha ainda poderia estar viva, mas o tempo transcorria e não havia nada, nem indicação nem notícias que fizessem o tenente Charles cultivar alguma esperança. Seguiram com Natasha de volta para o posto das tropas inglesas, onde também socorriam muitos refugiados dos campos inimigos.

Natasha estava muito doente, a tosse se tornara muito pior, estava com uma grave pneumonia, seus pés, em conseqüência da longa caminhada, estavam feridos. Quem a via ficava condoído de seu esforço, sabia que sobreviver aos campos alemães era um sinal de valentia, e ela, bem como muitos outros que tinham conseguido chegar até ali, eram vistos como heróis. Contudo, Natasha não respondia ao tratamento, havia de alguma forma desistido de sobreviver, ainda não sabia se estava em lugar amigo ou inimigo.

– Como anda passando a jovem que encontramos na estrada, tenente? – Dahalin se comovia com a moça que tinham encontrado.

– Meu velho amigo, creio que ela não sobreviverá, está muito fraca, foi muito maltratada; pelo visto, havia pouco de comer, eram barbaramente torturados, as feridas teimam em não sarar, acredito que não vai muito longe. Continuam tentando, mas pouco podem fazer pela jovem. Quanto à sua filha, alguma notícia? – Charles sabia que era crítico perguntar, mas queria que o desfecho fosse positivo.

– Não, ainda não, mas não perco minhas esperanças, terei notícias. Nem que seja para saber o pior, terei informações para levar para casa; sentirei se não forem as melhores. Bem, vou ver a jovem, vem comigo?

– Sinto, Dahalin, mas aguardo um pelotão que me traz notícias de mais um campo de prisioneiros. Torço para que tenhamos notícias de sua filha!

– Vou agradecer a Deus mais uma vez em minhas orações por tê-lo colocado em meu caminho!

– Peça a ele também para cuidar desta gente toda que padece, meu amigo!

Dahalin olhou para o tenente, fez uma curta reverência e saiu mais uma vez cheio de esperança; sabia que teria algo a falar para sua esposa e esperava que fossem boas notícias.

Chegou à enfermaria onde estava Natasha, e pensou amargurado: "poderia minha filha estar nas mesmas condições, ou se Deus tivesse piedade..."

Sentiu as lágrimas molharem seu rosto. Era um homem de pele fina, bastante moreno, os olhos pareciam grandes bolas de piche e seu sorriso trazia a paz do mundo. Não era alto, seus cabelos eram negros como a noite escura, tinha a alma iluminada com os ensinamentos de antigos mestres e trazia em seu ser a resignação que o fazia sempre recorrer aos antepassados. Vivia em atitude plena de oração, falava sempre que o homem tem de buscar a pureza para alcançar a sabedoria e estar continuamente alerta: "temos de ir ao encontro da luz, para que ela nos mostre o divino, para que assim, sempre que surgir uma grande perturbação, ela se dissipe e não se prolongue; temos muitos dias, mas sempre um de cada vez. Sofremos menos se aprendemos que assim é: que é preciso viver uma noite e um dia de cada vez".

Dahalin segurou a mão de Natasha e procurou passar-lhe energias boas. Ela precisava saber que agora estava entre amigos, ficou orando. Os médicos e soldados que cuidavam dos demais doentes ficaram comovidos com a atitude daquele homem que nem mesmo conhecia a jovem que ali padecia; também se silenciaram e pararam o que faziam, como se absorvidos pela luz e vibrações que emanavam do lugar em que estava Dahalin. Saborearam o momento de paz e pareciam renovados, olharam para ele com respeito. Aos poucos foram voltando a seus afazeres com vontade renovada, sabiam que não poderiam desistir; mesmo que com poucas esperanças, não iriam parar.

Alguns dias se passaram e pouco a pouco Natasha foi reagindo ao tratamento ministrado e provavelmente as visitas regulares do indiano a ajudaram a melhorar.

Aos poucos, com o tratamento, Natasha começou a andar, com alguma dificuldade ainda pela enfermaria. Sua alimentação já era reforçada, parecia que começava a ter apetite, não negava mais se alimentar, contudo ainda estava muito abatida. Não conversava com ninguém, nem mesmo com conterrâneos, que pareciam saber que não era muda, mas não se comunicavam com ela.

Ao voltar de mais uma busca por sua filha, Dahalin resolveu ir até a unidade transformada em enfermaria.

– Sinto muito, senhor, ela fugiu! – informou o médico, chateado com a atitude da moça.

– Como? Ela estava fraca, para onde teria ido? E os guardas, onde estavam? – Dahalin surpreendeu-se ante o que ouviu.

Lina de Alexandria

— Estamos ainda em guerra, senhor, não podemos obrigar ninguém a ficar e, saiba, ela não era nossa prisioneira...

— Sinto, doutor! Fiquei surpreso com o que me disse, perdoe-me, estou um tanto cansado. — foi logo interrompendo o médico e se desculpando, não era do feitio de Dahalin perder o controle, sentiu-se um tanto constrangido.

— Tenha certeza de que entendo; digo ao senhor, fomos atrás da jovem, mas não a encontramos.

— Bem, vou ficar atento, não pode ter ido longe.

— Sim, senhor, como eu lhe disse, não podemos fazer uma busca intensa, precisamos ficar, muitos dos que estão aqui precisam de nós, a jovem não precisa mais.

— Precisa, doutor, só não o sabe, pessoas que viveram o que ela viveu ficam muito perturbadas, vou fazer uma busca pela redondeza.

— Desejo-lhe sorte!

Dahalin começou assim sua busca. Quando percebeu já era noite, resolveu voltar e descansar; chegou a sua barraca, que transformara em um reduto com uma pequena cama. Trocara todo o conforto de sua casa na Índia para sair em busca de sua filha, e agora aquela jovem também desaparecia sem deixar vestígio. Depois de algum tempo, adormeceu, viu o rosto de sua amada Shinara pedindo para retornar com sua filha. Sentia falta de ambas.

O dia amanheceu chuvoso, mas ele não iria desistir do que se propusera a fazer no dia anterior. Foi em busca de Natasha, nada sabia a respeito dela, mas iria procurá-la mesmo assim. Já era tarde e não tinha comido nada quando chegou a um povoado, também devastado pela guerra. Havia muitos idosos no lugarejo e pouco comércio. Tudo que via eram rostos tristes e cansados, com um fio de esperança no olhar de que tudo voltasse a ser como

Indiana

antes. Sentou-se em um pequeno estabelecimento e pediu algo para comer e água e logo saiu para continuar seu percurso. Parecia estranho, algo em seu íntimo o impulsionava, tinha certeza de que a encontraria, o que não sentia com relação à sua filha. Sentiu seu corpo gelar ao perceber isso, questionou-se se já não havia desistido em seu coração, perdido as esperanças, continuando a procurar somente por causa de Shinara. Pensou nas lágrimas que derramara pela falta da filha quando ela resolvera estudar fora. Desde pequena ela falava com alegria que queria ser médica, médica de crianças. Contrariara a todos, falando que não se casaria como as outras meninas. Teria muitos filhos, mas nenhum seria do seu sangue, seriam apenas filhos na alma. Tanto ela insistiu que a mandou estudar na Inglaterra, ela que sempre fora muito estudiosa e dedicada e estava sempre à frente de seus mestres. Depois de muito relutarem, deixaram-na partir para realizar seu sonho dourado. Iria cuidar de crianças e traria para seu povo novos conhecimentos, que uniria com a sabedoria de seus ancestrais em grande amor e dedicação, e se tornaria, sim, um grande orgulho para seus pais. Recebia muitas notícias dela por meio dos ingleses e indianos com quem fazia comércio. Havia também os jovens indianos que se aventuravam a conhecer aquelas terras a fim de estudar; tudo isso facilitava, mas às vezes a notícia demorava a chegar. Ela estava hospedada na casa de um respeitado casal de negociantes e amigos ingleses de seu pai, passava bem, não havia dúvidas, empenhava-se nos estudos; mesmo havendo preconceitos por parte de conhecidos da universidade, ela resistia bravamente, sentia que assim evitaria que seus pais a levassem de volta. O casal de amigos também tinha um filho que fazia medicina e logo ambos estariam se formando, mas cada qual planejava seguir carreira em seu país de origem.

Lina de Alexandria

Mas o destino muitas vezes faz mudanças nos planos, assim o fez com a filha de Dahalin. Quando estourou a guerra, ela decidiu ir com outros médicos voluntários às áreas de combate para ajudar. Apesar da intenção de voltar para a Índia, não pensou duas vezes em postergar a conclusão de seu curso e seu retorno. Sabia o quanto seria útil para muitos nos campos de batalha. Um pouco de conforto humano era o bastante para ajudar, mas aquilo que aprendera em quatro anos de estudos era realmente importante. Dahalin ficou sabendo da decisão de sua filha muito tempo depois, por conta do atraso na chegada das notícias. Aflito, resolveu ir de avião à Inglaterra a fim de chegar o mais rápido possível para fazê-la mudar de idéia e retomar os estudos, mas chegou tarde.

No fim do dia de procura nesse povoado, Dahalin viu em um beco estreito algumas pessoas reunidas; resolveu ir ao seu encontro para pedir informações quando avistou Natasha. Ela estava encolhida em um canto de uma loja onde a água da chuva escorria pela calha.

– Santo Deus! Aonde pretendia ir, minha jovem? – Olhou-a aflito, ao vê-la suja e muito molhada, como um bicho acuado, encolhida de frio, parecendo estar com muito medo.

Assustada, Natasha pensou em fugir, até mesmo tentou, mas escorregou e caiu no chão barrento. Começou a gritar, as pessoas apenas observavam.

Dahalin, sabendo da dificuldade do idioma, tentou manter-se calmo e também acalmá-la. Estendeu a mão e mostrou-lhe que ela só o acompanharia se quisesse. Ela o olhava confusa e muito assustada. Mais um homem para abusar dela, mais um horror que passaria, eram as únicas coisas que conseguia pensar. Esqueceu quanto fora cuidada enquanto estava doente e o que Dahalin

Indiana

com suas visitas, orações e pequenos gestos tinha lhe dado como prova de afeto.

Ele não insistiu, viu que talvez fosse inútil e muito difícil convencê-la. Ia partindo quando ela tocou em seu ombro e lhe estendeu a mão; já tinha sofrido demais, teria de confiar em alguém.

Sorrindo, Dahalin segurou em sua mão e a levou para uma hospedaria. Era muito tarde para voltar, havia caminhado muito e estava cansado, ficaria aquela noite ali e cuidaria da jovem.

Dahalin informou a Natasha por meio de gestos que estaria no quarto à frente do seu, mostrou-lhe que poderia tomar um banho. Ela sabia que estava precisando, pediu à dona do lugar que se possível lhe arrumasse roupas secas. Foi tudo arranjado e ele também, depois de alimentado, resolveu descansar. Sentiu que Natasha não partiria sem ele.

Como pensou Dahalin, Natasha o aguardava sentada na cama; ao bater, nada ouvindo, entrou; ele sabia que ela era polonesa, os médicos tinham identificado quando tentou comunicar-se. Dahalin não sabia polonês e pelo jeito a garota também não falava o inglês; ficou a olhá-la com um sorriso sincero tentando adivinhar seus pensamentos e a pensar como estaria sua filha que, se tivesse sido capturada por inimigos, estaria ela também sofrendo. Talvez não, ela conhecia outros idiomas em conseqüência dos estudos. Dahalin não iria pensar em coisas ruins naquele momento, iria agora ajudar a jovem, que mais parecia uma fera encurralada e indefesa. Mostrou-lhe que tinham de partir e assim ela o seguiu em silêncio. Era assustador para a moça, não sabia quem era aquele homem, sabia apenas que teria de confiar nele.

Chegando ao acampamento, ele a deixou com os médicos que iriam examinar seu estado de saúde e procurou tranqüilizá-la.

51

Lina de Alexandria

– Dahalin, meu amigo, conseguiu achar a fujona? – Charles constatava.

– Não foi fácil, tenente, mas a trouxe de volta – respondeu Dahalin, um tanto cansado com a aventura.

– E vejo que bem. Não se preocupe, tenho homens que falam polonês e logo poderão conversar com ela. Preciso falar-lhe que, nas próximas horas, teremos notícias de um novo campo, o de Belzec, que foi localizado e invadido pelo exército dos aliados! – mesmo falando em esperanças para o amigo, ele mesmo não as tinha.

– Tenente, espero que desta vez eu tenha boas notícias!

– Torço, meu amigo, para que tudo venha a se ajeitar! – o tenente disse, dando pequenos tapas no ombro do amigo como se quisesse confortar sua dor.

Conversaram um pouco sobre o andamento da guerra. Debateram sobre o que as novas ordens mundiais deveriam fazer para acabar com aquele tipo de massacre humano, dos campos de prisioneiros, em que a arrogância de alguns faz emergir monstros adormecidos em seres aparentemente inofensivos. Uns lutavam para manter-se vivos, outros para defender sua pátria, outros movidos por ilusões e glórias inexistentes.

Mais tarde, Dahalin acompanhado de um intérprete foi finalmente conversar com a jovem que ajudou. O jovem polonês aproximou-se de Natasha, para assim ser o mediador das palavras entre ambos.

– Este senhor quer lhe falar, eu os ajudarei com as palavras. Como se chama e de onde veio?

– Meu nome é Natasha, vim de Poznan, bem próxima da fronteira com a Alemanha. Esse senhor, como se chama, e por que me ajuda? – não se conteve em perguntar sem nem mesmo agradecer a atenção do tradutor.

Indiana

O rapaz traduziu as palavras de Natasha, e assim se iniciou a conversa.

– Dahalin, este é o meu nome, não sei por que a ajudo, Natasha. Faço o que me pedem, sinto em meu coração que seremos bons amigos – suas palavras eram doces como as de um pai; nem mesmo Dahalin percebeu a ternura com que se dirigia à jovem polonesa.

Logo que o rapaz traduziu suas palavras, Dahalin fez uma ligeira reverência.

– Meu coração sente um estranho aconchego em você, me faz muito bem, não sente isso também, minha jovem? – Dahalin se comoveu, suas almas pareciam se reconhecer.

– Sim, sinto um grande carinho envolvendo todo o seu ser, senhor, mas sinto que não sei bem o que é, minhas palavras não sabem como traduzir o que realmente sinto. Já senti ódio, muito ódio, e amor, não na mesma intensidade, e outros sentimentos consegui traduzir, mas este, não, contudo acho-o muito bom! – Natasha estava confusa e suas palavras pareciam não ter nenhum sentido.

– Fico feliz em saber que ao menos é um sentimento bom! – ele sorriu timidamente.

– Sim, senhor, sinto ter fugido, não sabia se eram realmente amigos – desculpou-se.

– Como pôde ter dúvidas, minha jovem? Não salvamos sua vida?

– Sinto muito, senhor; não me recrimine, por favor. Descobri que estávamos em guerra só depois de muitos dias e desde então vi muitas mortes; tem sido um pouco demais tudo o que tenho vivido nesses meses – estava envergonhada e procurou esconder seus olhos abaixando a cabeça.

– Há quanto tempo estava presa?

Natasha, a cabeça baixa, lembrou o que havia passado, não diria a ninguém daquele lugar, sobre o que aconteceu enquanto esteve presa nas mãos dos alemães.

– Muito tempo, senhor; creio que mais de um ano.

– Sim, é muito tempo para quem tem tanta dor! – lamentou Dahalin, lembrando-se de sua filha. – Veja, será cuidada e alimentada, não é muito, mas tenho certeza de que já a ajudará.

– Sim, muito, mas o que será de todos nós, poderemos voltar para nossa terra? – Agora sua preocupação com o futuro parecia mais real.

– Creio que sim, mas fique tranqüila, irei ver o que poderemos fazer a respeito – Dahalin comoveu-se com Natasha e pensou em todos os outros que estavam se perguntando o que fariam.

Alguns dias depois, Natasha já ajudava na recuperação dos que chegavam feridos, embora sofresse muito com as barbaridades que via, como os prisioneiros resgatados de campos que chegavam deformados por causa das crueldades sofridas. Agradeceu a Deus em silêncio, pois se mantinha perfeita por fora, ainda poderia trabalhar para seu sustento, o que provavelmente para algumas pessoas não seria da mesma maneira.

Procurava ver se entre os que chegavam havia alguém conhecido. Talvez alguém soubesse se seus parentes estavam vivos, se algum se salvara; o noivo, qual teria sido seu fim? A cada pessoa que chegava, corria para ver se a conhecia. Sua decepção era percebida pelos médicos e voluntários e era consolada.

– Mandou chamar-me, tenente Charles? – Dahalin esperava que finalmente houvesse notícias de sua filha.

– Sim, Dahalin, tenho notícias de sua filha – disse o tenente com cautela.

Indiana

– Como? Onde está minha filha, fale tenente, quando irei buscá-la? – Sua aflição era inevitável, por muitos dias aguardava algo de concreto. Será que finalmente teria suas orações respondidas?

– Não vai buscá-la, Dahalin. Sua filha foi morta como muitos outros que tinham sido aprisionados com ela no campo de Belzec. – Charles observava a dor do amigo e falava com cautela. – Quando os aliados chegaram ao campo, todos tinham sido mortos. Creio que os que porventura escaparam à matança, por causa da falta de comida acabaram também morrendo de fome. Meu amigo, sinto muito ser portador desta triste notícia – Não conteve as lágrimas ao ver a expressão de dor de Dahalin.

– Como sabe que minha filha estava nesse campo? – Procurava manter a esperança.

– Veja, foi encontrado um pequeno cofre com documentos de guerra. Aqui está o nome de cada pessoa que trabalhava ali no campo, o tenente que tomava conta de tudo era um homem bastante detalhista, o papel está totalmente intacto mesmo depois do sangrento massacre – Charles entregou a lista para o amigo.

Dahalin pegou e olhou cuidadosamente. Foi lendo nome por nome até encontrar o de sua filha. Entregou novamente o documento ao tenente e saiu em silêncio. Charles, entendendo a dor do amigo, ficou sentado em sua cadeira, olhando o vazio. Não poderia descrever o que o amigo estava sentindo, mas sabia a dor que ele mesmo sentia por não ter podido trazer notícias que evitassem tamanha dor, que logo teria de levar para a família.

Dahalin seguiu para sua barraca, onde estava instalado, e então deixou que o sofrimento tomasse conta de seu ser. Não podia sentir senão dor por sua amada filha que com tanto amor decidira estar ao lado daqueles que não tinham nada, ali jogados em uma

Lina de Alexandria

guerra sem sentido. Não blasfemou, apenas se resignou, Deus em sua maior justiça estaria de braços abertos recebendo de volta sua preciosa jóia que, durante algum tempo, tinha lhe emprestado; sabia que Shinara sofreria tanto quanto ele, mas teria de voltar e contar finalmente o que havia acontecido com a filha.

Natasha ficou sabendo por seu amigo polonês o que havia acontecido e não demorou a achar Dahalin. Cuidadosamente entrou na barraca onde ele estava e com os braços estendidos apertou-o em um abraço afetuoso. Não ouve choro, apenas o silêncio de uma dor funda de duas pessoas que sabiam o que realmente traduzia aquele momento.

– Tem certeza, Dahalin? Sentirei sua falta. Quem me fará companhia neste acampamento e me ensinará tantas coisas bonitas e sábias? – disse Charles, que já estava na tenda falando com o amigo. – Sinto muita alegria de ter um amigo como você. É um sábio em sua terra, homem de grande poder, e sua humildade me faz sentir que lhe devo muito nesta vida.

– Não diga isso, você não me deve nada. Nós sabemos em nosso coração o que devemos fazer! – Dahalin procurou alertá-lo.

– Como poderei viver sem suas palavras?

– Pense sempre no que vai dizer e diga com o coração, meu amigo. – falava com humildade.

– Jamais serei como você é!

– Não, será muito melhor, quer mudar e isso o faz melhor. Vai, meu amigo, sua missão é muito nobre, tem pessoas a ajudar! – Dahalin jamais esqueceria do tenente em suas orações, que fez a ele o que muitos lhe negaram e por nada em troca, apenas por ter um grande e generoso coração. Abraçaram-se e despediram-se. Sabiam, porém, ambos, que teriam penosas obrigações a seguir.

Indiana

Informada da partida de Dahalin, Natasha saiu ao seu encontro, puxando consigo o rapaz que traduzia suas conversas.

– Vai partir para onde, senhor? – perguntou Natasha aflita, olhando para o rapaz com pressa em ouvir a resposta de Dahalin.

– Volto para casa, minha jovem, desta triste guerra só levo muito pesar. Como você, perdi muito, uma riqueza que ninguém vai me repor; com todo o dinheiro que Deus me deu jamais poderia comprar novamente o sorriso puro de minha doce filha – disse com ternura ao ver o rosto assustado de Natasha.

– Sei de seu pesar, senhor, mas creia, sentirei sua falta como jamais senti de alguém em minha vida – lamentava a moça.

– O que pretende fazer aqui, Natasha? – perguntou subitamente o indiano.

– Não sei. – disse pensativa.

– Então venha comigo para a Índia e conheça minha gente, minha casa e minha Shinara, ela a receberá com muito carinho! – a sugestão fez parecer que era mesmo uma boa idéia.

– Eu poderia? Mas o que todos vão pensar?

– O que terão todos a pensar, Natasha? – suas palavras eram de indignação ao constatar que ela não conseguia entender quem era realmente seu amigo.

– Não sei, senhor, é uma viagem longa, e sou...

– Creio que tem muitas cicatrizes. Venha, acompanhe-me e lhe mostrarei que as pessoas são bem diferentes umas das outras; é por isso tudo que estamos em guerra – pensou em como seria para ela um bálsamo estar ao lado de pessoas como Shinara, que via a vida como um doce perfume, trazia em sua alma o aprendizado dos antigos e o coração sempre pronto para aprender mais.

Natasha olhou para o jovem polonês e ele fez um sinal para que partisse com Dahalin.

Lina de Alexandria

– Venha comigo também, meu jovem! – convidou Dahalin.
– Poderá trabalhar como mercador comigo.

– Fico muito grato, senhor, mas pretendo mesmo é seguir para a Inglaterra ou para outra terra onde eu possa trabalhar. Não quero ficar na Polônia, aqui só encontro tristeza; na Índia, com o senhor, seria bem tratado, mas teria de começar do princípio, e muitas vezes precisamos fazer o que nosso coração nos pede. Conheci muitos ingleses no acampamento, quero estar com eles nessa nova jornada em busca de um futuro, o senhor pode me compreender? – Não queria que Dahalin pensasse que estava sendo orgulhoso.

– Sim, meu jovem, e fique sabendo que terá muita sorte. Creia em mim, vejo no brilho de seu olhar o fogo do sol, aquele que engrandece toda a nossa terra. Aqui há um pouco de dinheiro, peço que aceite pelo seu serviço de intérprete, não se ofenda, é um ganho por seu trabalho. – Tirou uma boa quantia em dinheiro de uma pequena sacola de couro e a estendeu para o rapaz utilizar no seu esperançoso recomeço.

– Fico grato por ter entendido, senhor, e obrigado pela gentileza. Vá, Natasha, sabe que não teremos como voltar ainda para nossa gente, poderá recomeçar e algum dia voltar para sua casa, talvez ainda encontre alguém – disse palavras de encorajamento para a jovem, pois também se alimentava delas.

– Irei. Poderei encontrar algum sentido para minha vida em um lugar novo para mim. – Deu um abraço carinhoso no rapaz e despediram-se.

Natasha não tinha roupas para levar em sua bagagem. Dahalin decidiu comprar algumas poucas para poderem viajar, seriam muitos dias e muitas noites e iriam passar por frio e enfrentariam também um escaldante calor.

Mesmo que a guerra tivesse acabado, teriam de voltar com cuidado. Em alguns lugares teriam de pagar para que os deixassem seguir viagem, como se pagassem por proteção.

Dahalin tinha muitos empregados, era comerciante, trazia mercadorias de seu país para a Inglaterra e levava da Inglaterra para a Índia. Os ingleses eram atraídos pelos tecidos e outras caras novidades que vinham da Índia. Com inteligência e tino comercial, o comerciante aumentava suas riquezas e com isso vivia feliz com sua família, proporcionando conforto e bons estudos a seus filhos.

Dahalin não queria que seus filhos tivessem pouco conhecimento, sabia que mesmo com toda a fortuna do mundo o conhecimento era a verdadeira riqueza. Riqueza era apenas o complemento para uma boa vida, repleta de muitos filhos, de uma boa esposa e de temor a Deus.

Na viagem, Natasha não falava, apenas observava. Dahalin falava inglês e o idioma de seu país natal, e nenhuma dessas línguas ela sabia. Foi aí que se deu conta de que ficaria em um país desconhecido, cuja língua ela não falava. Como poderia se comunicar com as pessoas? Se tivesse algum problema, como faria? Quando estava presa não podia falar que logo era duramente castigada pelos soldados alemães. Como seria com a gente de Dahalin? Sabia que não seria castigada, mas se zombassem dela o que faria? E se ensinassem coisas que não eram corretas? Via Dahalin dando freneticamente ordens aos seus empregados. Era cuidadoso com tudo. Quando paravam, ele logo providenciava banho e comida para todos; estavam num caminhão bem semelhante àquele que a arrancou de sua terra na manhã de sua prisão. Não queria lembrar mais daqueles dias, porém algo sempre forçava a lembrança; não podia apagá-la simplesmente. À noite, evitava tanto quanto podia

Lina de Alexandria

fechar os olhos, para que todo o horror não voltasse em lembranças fragmentadas fazendo-a sofrer.

Via nas estradas muita gente mal vestida pedindo sempre alguma coisa; muitas vezes Dahalin parava e deixava um pouco de comida para alimentar pequenos grupos. Percebia a felicidade daquela gente, sorriam e baixavam a cabeça em sinal de respeito, era agradável ver o quanto ele era um bom homem, ficava tão feliz como toda aquela gente que recebia os "presentes" dados por ele, era como se ela mesma os estivesse recebendo. Algumas vezes parecia que ele era conhecido por eles, ficavam esperando-o com gestos de contentamento, crianças sorridentes com dentes estragados e o rosto muito sujo corriam ao seu encontro e o abraçavam. Ele ia ao encontro deles com a mesma felicidade estampada no rosto. Natasha desejava saber o que falavam, sabia que eram agradecimentos.

Ia aprendendo com dificuldade algumas palavras indianas, repetia muitas vezes até conseguir falar.

Os dias passavam e ela não sabia nem mesmo se faltava muito para chegar. Parecia que todos ali naquele comboio não se importavam de estar longe de suas casas nem mesmo se importavam em dormir mal. Quando o sol batia nos carros, parecia que iam cozinhar com o calor, mas nem mesmo isso tirava de todos o sorriso. Natasha ficava intrigada, por que eles sorriam tanto? Seria mesmo alegria? Muitas vezes, à noite, escutava canções entoadas por um ou outro, gostava de ouvi-las, pareciam orações. Nesta hora os que não cantavam ficavam em silêncio, parecia que todos respeitavam.

Dahalin numa dessas noites pegou no braço de Natasha e mostrou-lhe o céu, que se enfeitava com muitas estrelas e uma lua brilhante. Seu sorriso era de um homem encantador, de um

Indiana

pai carinhoso que ensina ao filho as maravilhas de Deus. Natasha não se conteve e começou a chorar com um sorriso de esperança. Sentiu-se, depois de muito tempo, querida novamente!

No dia seguinte, Natasha percebeu que todos estavam mais inquietos, a agitação entre eles era muito patente, até mesmo Dahalin, que sempre mantinha o autocontrole, encontrava-se agitado. Entravam em mais uma vila, as pessoas vinham ao encontro dos carros, havia gritos de felicidade, muitas vozes, notou que não era para pedir comida, muitas delas se abraçavam e choravam, todos se cumprimentavam, alguns iam ficando pelo caminho, se despediam e se juntavam aos da vila, misturando sorrisos e choros. Ela percebeu que estavam entrando em uma espécie de palácio pelo aspecto imponente, com um belo jardim e uma construção de tirar o fôlego. Aquele lugar pertencia a algum amigo de Dahalin?

Com o barulho do carro, apareceram algumas crianças e pessoas, então começaram a gritar, como se chamassem uns aos outros. Foi quando Natasha percebeu que uma senhora muito bonita se juntou a eles e em silêncio abraçou Dahalin; conversaram e olharam para Natasha, que, sem jeito, ficou apenas ali sentada, observando sem saber o que fazer. Perguntava-se: onde estaria? Será que aquelas pessoas eram a família de Dahalin? E aquela grande casa, seria dele? Será que era um homem importante em suas terras, dono de grande fortuna?

Como seria recebida em uma casa estranha, sem saber o idioma nem os costumes daquele país? Como ficaria agora, seria uma outra guerra com armas diferentes? Quais seriam elas? Depois de saberem da morte de seu ente querido, seria ela bem recebida?

Sem demora, Shinara aproximou-se de Natasha e lhe estendeu os braços, recebendo-a com um abraço afetuoso e muito caloroso. Sentiu o perfume agradável daquela mulher. Parecia com o aroma das rosas que é exalado com maior intensidade quando chove. Sentiu vontade de chorar, mas não sabia bem por que. Sentiu-se pela primeira vez protegida, desde que foi arrancada de sua cidade; era como estar nos braços de sua mãe!

Foram todos para dentro da casa, e Natasha não conteve o assombro diante da grandiosidade e beleza do interior: muitos quadros e tapetes belíssimos, esculturas exóticas em vários lugares, compondo um local muito diverso e acolhedor. Havia muitas estatuetas de elefante enfeitadas de várias formas, pareciam jóias, mas não saberia dizer se eram realmente.

Começaram a aparecer crianças sorridentes e cumprimentaram-na com respeito, havia outros maiores, ao todo pareciam ser sete. Era uma família numerosa, pensou ela. Sentiu-se um pouco desconfortável por estar invadindo aquele lar já com tantas bocas para alimentar. Percebeu que Shinara pediu a uma criada que a levasse consigo. Sabia que o marido e a esposa teriam muito que falar. Como ela reagiria ao saber que sua filha havia morrido na guerra como tantos outros?

Percebeu, ainda a caminho do quarto, que escorriam lágrimas do rosto delicado de Shinara, já deveria saber do ocorrido. Desejava dizer-lhe que sentia muito, sabia da crueldade dos soldados alemães, que a mataram sem se importar com sua missão altruísta, de salvar vidas!

Quando Natasha viu o quarto em que ficaria hospedada, pareceu-lhe que o ar lhe faltava. Muito amplo, com uma cama muito grande e muitas almofadas sobre ela; era pintado em tom bem claro, parecendo cor de pêssego, as cortinas também claras, como véus que enfeitam a cabeça de uma noiva feliz. O perfume que sentiu parecia dar-lhe mais vida. Seu sangue corria com tanta

Indiana

pressa que sentiu que cairia sobre os tapetes de cores alegres que havia sob seus pés. Sorriu feliz. A criada percebeu sua felicidade, ela se parecia com a de uma menina quando ganha um presente muito desejado, e também lhe sorriu. Então lhe mostrou o restante do quarto e onde tomaria seus banhos. Sentiu-se como uma deusa. Natasha ficou sem jeito de aceitar tanta hospitalidade!

Mais tarde lhe prepararam um banho, a água tinha um perfume agradável e muito relaxante, entrava pelas narinas e era como se lhe entorpecesse; quase dormiu na grande banheira. Quando saiu do banho, recebeu uma túnica limpa e não se conteve, caiu sobre as almofadas e não resistiu ao sono pesado. Dormiu como havia muito não dormia.

Shinara a observava carinhosamente; quando Natasha acordou, viu-a como a mãe que vela pelo sono de seu filho. Sentou-se na cama, timidamente e, sem poder agradecer-lhe com palavras que ela entendesse, ficou apenas a olhar seu rosto triste pela ausência da filha querida. O que deveria fazer agora? Não viu revolta em seus olhos, apenas uma profunda tristeza. Natasha então notou o que ela trouxera, uma bandeja repleta de frutas frescas. Shinara sentou-se a seu lado e indicou que se servisse. Com muita timidez, Natasha obedeceu e percebeu que estava com muita fome!

Natasha não via muito Dahalin, que cuidava dos negócios com outros mercadores, provavelmente precisava trabalhar muito, uma vez que tinha tantos filhos.

A rotina da casa era como a de muitas na sua querida Polônia, os filhos mais novos estudavam e os mais velhos trabalhavam com o pai, aprendendo seu ofício. Um deles, que parecia ter cerca de doze anos, ficava boa parte do tempo com o pai, e as filhas estavam sempre dentro de casa ao lado da mãe. Natasha só não entendia como é que uma delas fora estudar curso superior em outro país; pareciam um povo de costumes rígidos em relação às mulheres.

Natasha aprendia o idioma com professores que davam aulas para as crianças, ficava feliz quando conseguia pronunciar algo que todos entendiam, também estudava inglês, se esforçava bastante, queria poder ajudar mais, achava, freqüentemente, que poderia incomodar a todos e que logo se aborreceriam com ela. O que seria de sua vida então? A Polônia estava muito longe agora, teria de se esforçar para ajudá-los e retribuir tanto carinho.

Percebeu que Shinara retirava, de algumas frutas, raízes, flores e sementes, óleos que usava depois em seu corpo para cuidados com a pele e para tratamento de ferimentos quando as crianças eventualmente se machucavam. Fazia também perfumes maravilhosos, que eram utilizados em banhos.

Shinara era detalhista com as frutas, deixava-as secar, e depois de preparadas servia-as como doce ou em comidas deliciosas. Fazia o mesmo com as ervas, algumas tornavam-se temperos e outras, chás. Shinara era uma verdadeira artista nessa arte.

Os estudos de Natasha eram cada vez mais proveitosos, começava a formar frases inteiras e as crianças a incentivavam muito. Às vezes, um garoto que parecia não falar vinha brincar com as crianças. Shinara se comunicava muito bem com ele por meio de sinais. Natasha ficava observando o encanto do brilho nos olhos dele ao fitar Shinara, brincando muito entre gestos e risos felizes.

Natasha percebeu que meses se passaram desde a chegada à casa de seus amigos e já parecia ser um membro da família. Quando havia alguma festa, era logo convocada, mandavam preparar-lhe roupa e logo lá estava ela, participando no meio de todos.

Indiana

Jamais se sentira tão feliz, porém quando amanhecia lembrava-se de que tinha, um dia depois de outro, um sonho que teimava em se repetir: primeiro aparecia uma criança branca, de olhos claros, um menino bem triste que lhe estendia a mão. Logo em seguida, vinham muitas outras crianças... Aproximavam-se e, quando iam colocar suas mãozinhas sobre ela, Natasha fugia, corria muito e acordava atormentada, sempre muito nervosa. O mesmo sonho repetia-se quase todas as noites, o que seria?

– Bom dia, Natasha! – Shinara percebeu que ela estava um pouco abatida.

– Bom dia, senhora – respondeu com seu sotaque.

– Parece-me que teve uma noite bastante conturbada. Está com problemas para dormir?

– Tenho tido um sonho bastante perturbador, que insiste em se repetir.

– Um dia você irá entendê-lo, Natasha. Pode demorar, mas você vai descobrir, um dia, o que esse sonho realmente quer lhe dizer! – Shinara acreditava muito em premonições e sabia que aquele sonho poderia ser um aviso.

– Como? O que quer me dizer, quem quer me falar, e por sonho? – Natasha estava bastante confusa.

– Entenda, Natasha, somos parte de algo muito maior do que imaginamos, cada um de nós precisa fazer sua parte. Talvez você tenha fugido do que devia ser feito! – disse em tom de alerta.

– Shinara, tenho muito respeito por você e seu marido, mas não consigo entender bem seus atos e suas palavras, vejo tantas coisas que não compreendo, talvez agora que estou começando a entender seu idioma, eu possa aprender mais.

– Tenho certeza de que aprenderá depressa. Veja, já fala bem nossa língua e tem aprendido muito, mesmo pensando que não.

Além disso, o fato de ter muitas perguntas e dúvidas é bom sinal, faz de você uma pessoa que quer ter respostas e é assim que nós crescemos, buscando respostas. Venha, tenho muitas coisas para fazer e logo o professor estará aqui, vá e encontre as respostas que procura – acariciou o rosto de Natasha e saiu para suas tarefas.

Natasha a via com carinho, sentia por ela uma amizade que jamais tivera por alguém, até a mãe com seu cuidado não era tão amiga, e quanto às outras moças, Natasha era sempre muito arredia em seus relacionamentos, pois tinha muito trabalho para fazer em casa. Sua mãe a mantinha sempre bem ocupada, dizia a ela que não poderia ficar de conversa fiada, assim não pensaria em besteiras, típico de moças solteiras.

Chegando à sala de estudos, encontrou o menino que sempre brincava com Shinara. Ele estava folheando os livros e sorrindo ao ver as figuras, seu olhar era de um sonhador que viajava por intemédio das imagens. Ficou encantada por ver seu rosto brilhar num sorriso inocente.

– Olá, eu sou Natasha – aproximou-se do menino e tocou-o no ombro.

O menino apenas sorriu, nada falou, voltou-se para os livros. Natasha sabia que tinha pronunciado direito as palavras. Seu professor era rigoroso e a fizera repetir várias vezes a frase, por que ele não reagia à sua pergunta?

Ele nem mesmo se importou com sua presença.

– Natasha – disse Shuara–, não vai adiantar falar com ele, jamais vai lhe responder, ele nasceu surdo e mudo. Não se preocupe, ele gosta mesmo é de ficar folheando os livros com gravuras.

– Shuara, como pode um menino tão saudável não poder ouvir? – Sua expressão era de inconformidade.

Indiana

– Bem, não somos capazes de julgar, ele fez sua escolha! – disse sabiamente Shuara, apesar de ser uma menina de apenas catorze anos.

– Como, minha linda mocinha, podemos escolher tais coisas horríveis para nós mesmos?

– Somos eternos aprendizes, e ele aprenderá com tudo que lhe for ensinado, essa será sua maior vitória, não importa o tamanho da dificuldade, a resposta está dentro de cada um de nós. Se soubermos escutar nossa voz interior, conseguiremos resolver o que nos propusemos – Shuara falava como seus pais, com muita sabedoria nas palavras.

– Todos nesta casa parecem falar em código, não consigo entender.

– Está vendo, Natasha? Tem piedade de nosso amigo, que é surdo e mudo, mas você também é – a voz era dura, quase acusadora.

– Não sou surda e sabe que não sou! – disse rapidamente Natasha.

– Sua surdez é muito mais grave. Se não houver cura, poderá lhe fazer muito mais mal que a surdez de Nadhi. – Shuara sorriu para o menino. – Para ele que nasceu assim não é grave, sempre achará normal, assim como para nós é ouvir. Venha, nosso professor já chegou – puxou Natasha pelo braço e se dirigiram para a saleta de estudos onde os outros já estavam à espera delas. Deixaram Nadhi ali sentado, sorrindo para as figuras dos livros, como se estivesse viajando entre elas.

Natasha ficou pensando e tentando entender tudo que a filha de Dahalin tinha lhe falado. Parecia que Shuara não se comovia com a deficiência do menino e se condoía com ela, que era perfeita, alegando que era mais surda que o pobre menino.

Os dias passavam com rapidez. Quando podia, saboreava a luz do Sol; assim Natasha via passar o tempo, nunca aprendera tanto em sua vida. Ia aos poucos entendendo o que Shinara fazia com as ervas, frutas, sementes, raízes e flores; começou a aprender a importância de cada uma. Shinara mostrava como tinham de ser usadas e para que serviam, tudo parecia poesia. Uma cultura de sabedoria alimentava a sua alma com o encanto e o seu corpo com a pureza de cada elemento. Sabia agora o grande valor de pequeninas coisas: os perfumes que faziam relaxar, os óleos que curavam feridas, a naturalidade de tudo que era simples e belo. Tudo que Shinara transformava com suas preciosas mãos também era vendido por Dahalin na Inglaterra.

Crescimento

– ORA, QUE FESTA É ESTA, O QUE ESTAMOS COMEMO-rando Dahalin? – perguntava Natasha, que via à sua volta todos bem vestidos à uma mesa farta.

– Não sabe? Estamos comemorando três anos de sua vinda para nossa casa, Natasha! – Shinara falava com alegria.

– Meu Deus! Já se passou tanto tempo e ainda comemoram a minha chegada? Como podem me suportar tanto? – disse sorrindo.

– Não diga bobagens, sempre foi muito querida por todos nós, até mesmo Nadhi não a larga mais, vive a rodeá-la! – Dahalin comentou.

– Ele é um lindo menino, não consigo entender como um ser tão doce pode ser tão duramente castigado por uma terrível deformidade do destino! – lamentou Natasha.

– Precisa pensar melhor no que fala, Natasha – mais uma vez a alertava Dahalin. – Como podemos julgar a Deus? Temos de entender nosso destino com sabedoria, temos tantas coisas

69

Lina de Alexandria

bonitas em nossa vida, temos de tirar proveito de tudo que nos é ensinado.

– Dahalin, como o sofrimento pode ser proveitoso? Não consigo entender o que vocês me falam. Todos parecem cordeiros, nada os revolta. Mesmo com a morte de sua filha amada, não os vi lastimar e nem mesmo questionar a dor que sentiram. Tiram-lhes tanto e mesmo assim acham que o sofrimento nos ensina, a quê, a sermos amargos? – Mesmo com tudo que aprendera Natasha ainda sentia muita amargura.

– Sentimos muita dor, eu, Shinara e todos de minha casa, contudo sentimos mais orgulho por saber que nossa amada filha sempre foi o que esperamos que fosse. – Dahalin pousou seu olhar sobre a esposa, que o acompanhava e o olhava com carinho. – Uma alma bondosa e humilde que veio para cumprir em sua vida a servidão à felicidade alheia. Teria orgulho se soubesse o que é o verdadeiro amor divino, poderia se olhar e ver em você muitas mudanças, mas está cega ao pensar que tudo que passou foi castigo, não percebeu nada, talvez algum dia o perceberá, mas quantas dores mais terá de passar para poder ouvir e se convencer?!

– Chama-me de surda, Dahalin? – Não podia acreditar no que ouvia, ele também pensava como Shuara.

– Sim, mas uma surdez que muitos sofrem, muito pior que a de Nadhi. Sinto muito, Natasha, peço a Deus juntamente com Shinara que um dia ouça a voz do perdão.

"O que eles todos querem dizer?", começou a pensar Natasha. "Eles não sabem quanto sofri, quanto deixei para trás; talvez se tivessem vivido tudo o que eu vivi..."

Pensando nisso, foi sentar-se à mesa. A bela festa tinha sido carinhosamente preparada, e todos a aproveitaram com muita alegria. Ao fim dela, Natasha sabia que todos lhe falavam com amor, e que as palavras, mesmo sendo muitas vezes severas, eram ditas com carinho. Estava muito bem com todos, mas começou a sentir certa inquietude. Não sabia bem o que era, mas a angustiava.

Sempre nos fins de tarde, Natasha e Shinara se uniam com outras mulheres e se sentavam no chão de uma grande sala de paredes muito altas e cercada de belas colunas. Depois de um longo silêncio de meditação, rompido pelas canções que entoavam, elas faziam gestos delicados com as mãos, como um apelo a Deus. Os sons ou mantras, conforme Shinara lhe ensinara, eram repetidos, não havia palavras, apenas sons suaves cantados por vozes doces. Aos poucos, gradualmente, ela as acompanhava; não sabia o significado, mas achava prazeroso ouvi-los. Natasha se esforçava, mas no seu íntimo algo a incomodava já havia dias. Sentia que precisava partir.

— Sinto em mim que preciso ir, Dahalin! — disse Natasha mantendo a cabeça baixa, com vergonha de falar o que sentia no coração.

— E para onde pensa ir? — Não havia surpresa em sua voz.

— Não sei, não poderei voltar para a Polônia, sinto que preciso trabalhar, tenho de fazer algo, preparar o meu futuro, não sei bem ao certo, precisa me ajudar! — suplicava por sua ajuda.

— Shinara já sabe de seus planos?

— Não tive coragem de lhe falar, não quero magoá-la, mas gostaria de trabalhar; sei o quanto todos me fazem sentir em casa, mas preciso de algo meu, sabe do que falo, Dahalin? — tentava se convencer também.

— Sim, sei, já está na hora de você partir, a chamam para algo maior, eu já fiz minha parte, assim como Shinara. Ela ficará feliz por você, está pronta para começar a ouvir! — Pousou as

Lina de Alexandria

mãos nos ombros de Natasha e olhava-a carinhosamente, estava muito satisfeito.

— Não está magoado comigo? Quero partir depois de tudo que me deram e ainda assim fica feliz com essa traição? – Natasha estava bastante confusa.

— Querer caminhar não é traição, está crescendo, poderá mais tarde entender. Venha, vamos contar a Shinara sua decisão, e eu vou ver o que poderei fazer! – E saíram juntos, à procura de Shinara.

Como Dahalin havia falado, Shinara abraçava Natasha em lágrimas e desejava-lhe sorte, erguia seus braços ao céu e murmurava palavras de agradecimento. Natasha não conseguia entender, parecia que estavam felizes por ela partir. Será que estivera tanto tempo enganada? Afinal, por que estavam tão felizes?

Quase três meses se passaram, quando Dahalin veio com uma notícia que mudaria muitas coisas na vida de Natasha.

— Consegui um emprego para você na Inglaterra. É um casal jovem que está aguardando a vinda do primeiro filho, ele é médico e ela enfermeira. Trabalham no hospital precisam de alguém para cuidar da criança quando nascer. Ela pretende continuar trabalhando ao lado do marido; pagarão muito bem, terá onde morar e o dinheiro que ganhar poderá guardar para comprar sua própria casa. O que acha, Natasha? – Ele aguardava sua resposta.

— Não tenho o que pensar, quando partirei? – respondeu decidida.

— Estou preparando tudo, em dois dias partiremos. Não volto àquela terra desde a minha viagem de busca por minha filha, quando consegui acompanhar as expedições inglesas pela Europa – Dahalin parecia saudoso.

Mesmo feliz com a oportunidade de seguir adiante, Natasha chorou por horas, pois iria para muito longe de todos. Sua partida seria muito dolorosa, mas teria de fazê-lo, não era filha deles. Tinha de tomar conta de si, não poderia passar essa responsabilidade para aqueles a quem amava tanto.

No dia de sua partida, todos choravam muito. Ouviu batidas na porta do seu quarto, pediu para que entrasse enquanto arrumava algumas coisas.

— Natasha, quero lhe dar uma coisa, veja! – Shinara aproximou-se dela com uma pequena caixa.

— Meus Deus, o que é isso? É linda, não posso aceitar! – disse ao abrir a pequena e delicada caixa.

— Eram de minha filha, quero que fique com elas, não sabe o que vai encontrar por lá! – Shinara suspirou. – Sinto em meu coração que tudo estará bem, mas você é uma jovem bastante teimosa, temo que algum incidente possa lhe acontecer. Também quero que tenha algo para se lembrar de mim, essas jóias têm um grande valor.

— Não posso aceitar, eram de sua filha, não tenho esse direito! – Tentou devolver as jóias para as mãos de Shinara.

— Natasha, tem todo o direito do mundo, estou lhe dando, e minha querida filha não vai se importar. Onde ela está, essas jóias não são necessárias, lá existe um outro tipo de jóia que ela fez por merecer – Shinara dizia entre lágrimas, mas sorrindo ternamente.

— Não consigo entender, deixou-me ocupar o quarto de sua filha por todos esses anos, tratou-me como um de seus filhos e agora quer que eu fique com essas jóias? – Olhou-a com muito amor, sentimento que jamais pensou um dia voltar a experimentar em seu coração tão machucado.

Lina de Alexandria

– Quando Dahalin trouxe a notícia de que nossa querida filha havia partido – fez uma pausa – não sabe a dor que senti em meu peito. Quando vi em seus olhos o pedido de socorro, percebi o que queriam que eu fizesse. Tenho certeza de que a mandaram para que meu coração se ocupasse e minha dor fosse sufocada. Eu tinha tanto a lhe ensinar, tanto a lhe amar; minha filha sempre gostou de cuidar das vidas que se machucavam, ficavam doentes e você era a doente que ela me mandou cuidar. – Shinara segurou as mãos de Natasha. – Agora vai partir, está pronta para seu recomeço, vai ver com o tempo o que tanto recomendam e teima em não aceitar, mas tenho certeza de que lembrará de minhas palavras e de meu cuidados e assim fará muito melhor do que lhe ensinei. Assim como fez minha filha que partiu para ajudar, vejo-a também indo em direção a muitos que vão se achegar a você. Verá com o tempo por que tem de partir, seu aprendizado conosco terminou, não porque não a quero ao meu lado, mas porque será muito grande seu trabalho de amor. Logo vai ouvir, em espírito, e verá quanto foi importante tudo o que passou, mesmo que não tenha aceitado, vai começar a entender – Shinara amava aquela filha, que Deus conduziu até ela em sua sabedoria.

– Te amo muito, vou guardar tudo que me ensinaram aqui como guardarei estas jóias. Assim como elas não vão ser desgastadas pelo tempo, o que aprendi aqui também não – Natasha olhou para Shinara e não conteve as lágrimas.

Abraçaram-se longamente. Natasha tinha de partir, mesmo sabendo que poderia não voltar para visitá-los. Eram muitos dias para chegar à Inglaterra, a distância seria a maior barreira entre ela e a casa que lhe trouxe tanto conforto e amor. Olhou para cada filho de Dahalin, beijou-os e longamente teve-os em seu abraço. Queria sentir as batidas de seus corações e ouvir os sons em sua

Indiana

viagem, queria sorrir, mas a partida era muito triste, todos se mantiveram em silêncio. Nadhi estava ali naquela tarde também para se despedir; mesmo sem ouvir sabia o que estava acontecendo, o rapazinho chorava no seu silêncio habitual.

Partiu acompanhada de Dahalin em uma longa viagem de trem em direção à Inglaterra. Natasha sabia que teriam de fazer conexões em diversas cidades e estariam por muitos dias em viagem, só que agora ela não lhe parecia tão assustadora como quando viera para a Índia, embora com grandes esperanças. Iria trabalhar e começaria assim a tomar conta de si, queria amadurecer, responsabilizar-se por seus atos, sabia que seria muito difícil, mas crescia nela uma sede de viver, algo grande, só não sabia ainda o que era!

A viagem de trem transcorreu bem, faziam paradas em todos os povoados ao longo da ferrovia, quando então subiam e desciam passageiros mais ou menos carregados de bagagens. O calor era o maior inimigo da viagem; sentia-se cansada, algumas vezes irritada. Dahalin cantava o tempo todo, parecia mais uma oração que fazia com sorriso nos lábios. Os homens que os acompanhavam faziam reverência em respeito, mantendo-se em silêncio, mas quando chegaram a lugarejos ainda na Índia que pareciam conhecer, ouviram-se muitas vozes.. Eles desceram para dar comida às crianças que foram ao encontro dos vagões. As crianças ficaram tão felizes que Natasha não deixou de se comover. Sentia saudade do conforto, mas procurava pensar que estava a sua espera uma bela casa no final da viagem.

Não houve contratempos durante as inúmeras trocas de veículo, quando se encerrava o percurso do trem em que se encontravam e era necessário mudar de trem, nem durante a travessia marítima para chegar à Inglaterra. No momento preciso em que

Lina de Alexandria

pisaram em solo inglês, Natasha teve vontade de fugir, não sabia se de medo das lembranças que lhe vieram à mente, se da separação próxima de Dahalin, que a deixaria ali sozinha, tal como quando fora levada para sua casa, ou se do destino desconhecido que começava a se impor mais uma vez. Para onde a vida a estaria levando?

Chegaram a uma bela residência, não parecia grande, mas era bem confortável. Entraram e logo um empregado encarregou-se de chamar a dona da casa.

– Seja bem-vindo a minha modesta casa, senhor Dahalin. Vejo que trouxe a moça para me ajudar, graças aos céus! – Era uma mulher sorridente, que já estava num estágio adiantado da gravidez.

– Como está bela a filha de meu amigo! Vejo que chegamos a tempo, parece-me que não vai demorar a chegada do seu filho. – Dahalin a abraçou, era bom ver Beatriz e relembrar em seus traços os de seu grande amigo.

– Sim, vai ser para logo, venham, sentem-se, devem estar exaustos. Já providenciei os quartos para que fossem instalados assim que chegassem. – Dirigiu seu olhar para Natasha e ficou encantada. – Pensei que fosse morena assim como Shinara. Achei que todos os indianos tivessem a pele mais escura, mas vejo que me enganei, é tão clara!

– Natasha não é indiana de nascimento, e sim polonesa. É uma longa história. Terão bastante tempo para falar sobre ela – adiantou-se Dahalin.

– Polonesa? É, acredito que teremos muito que falar. Veja, esqueci de lhe dizer meu nome. Eu me chamo Beatriz! O seu é Natasha? Não querem descansar primeiro? Mais tarde posso pedir para prepararem algo para ambos comerem.– Estava curiosa por conhecer a história de Natasha.

Indiana

Natasha e Dahalin aceitaram a oferta de Beatriz e seguiram para descansar.

Ao observar Beatriz com sua grande barriga, Natasha teve uma sensação estranha. Não sabia o que era, mas sentiu que havia algo de errado com o bebê daquela jovem senhora. Não falou nada a ninguém, mas começou a brigar consigo mesma. Onde já se viu? De que modo poderia ela prever como seria a criança se tinha acabado de conhecer a mãe, e ela ainda não havia dado à luz?

Tomou um longo banho, refrescando-se. Dahalin falou que em breve seria inverno na Inglaterra, por isso a fez comprar roupas grossas e quentes; sabia que havia passado muito tempo sob o forte calor da Índia e poderia ficar doente se não se cuidasse bem. Tratava-a como filha e isso fazia com que ela se sentisse ainda mais culpada por ter decidido deixá-los, mesmo com as palavras firmes de Dahalin e Shinara de que era isso mesmo que ela tinha de fazer.

Descansou bastante, quando acordou percebeu que já era noite. Resolveu andar e verificar que horas seriam, desceu o lance de escada que dava para a sala e encontrou Beatriz, seu amigo Dahalin e mais um jovem, provavelmente o médico.

– Acho que dormi mais que o necessário,desculpem-me! – falou timidamente.

– Não tem importância alguma, sabemos quanto podem ser cansativas essas viagens. Venha, pedirei para preparar algo para você comer, acho que deve estar com fome. Natasha, quero que conheça meu marido, Jonathan – falou Beatriz com carinho.

– Seja bem-vinda a nossa casa, Natasha, mas é estranho ver uma polonesa vestir-se de indiana – Jonathan estava mais perplexo que a esposa.

– Espero que não se incomodem, gosto de me vestir assim!

Lina de Alexandria

– Não faço caso de como vai vestir-se; suponho que Jonathan também não faça – exclamou Beatriz adiantando-se.

– De maneira alguma, creio que tem seus motivos. Espero que se sinta à vontade, tudo o que queremos é que nosso filho seja bem cuidado, e para isso pretendemos tratá-la bem e com carinho. Espero que possamos viver bem.

Natasha os observou e viu o sorriso sincero de ambos, era um casal bonito, pensou. Beatriz não tinha os traços tão delicados, mas era bonita; ele era bem mais alto que a esposa.

Depois que Natasha se alimentou, conversaram bastante. Ficaram maravilhados de saber como ela tinha conhecido Dahalin. Sabiam o que a guerra havia feito com muitas pessoas. Beatriz, como filha de oficial, sabia muito bem o que a guerra significara para tantos. Com poucas palavras, Natasha explicou como sua cidade foi invadida pelos alemães, logo depois da morte de seu pai. Contou-lhes, também, que estava prestes a se casar com um jovem polonês. Sentiram a tristeza na voz da jovem, mas ela se limitou a relatar apenas os horrores que vira, não lhes disse nada sobre o tenente alemão e o filho que deixou com ele. Queria e iria apagar tudo o que vivera naqueles dias com aquele homem. Todos lamentaram a tristeza que a guerra lhe causara e prometeram jamais falar sobre o ocorrido.

Quando já era bem tarde, depois de conversarem bastante, todos se recolheram aos seus quartos. Natasha ficou a contemplar pela janela a paisagem da nova terra em que estava; sentia-se bem apesar da tristeza de ter deixado a Índia. Seu pensamento voltou-se para a terra que a recebeu com muito carinho. Sabia que poderia não ver seus amigos novamente, principalmente a mulher que mais a amparou depois de sua mãe, que a recebeu como uma filha e lhe ensinou os segredos, os costumes, que são passados

Indiana

de mãe para filha em muitos lugares. Não importa em que terra ou lar, aprende-se com os pais a arte da vida, e Natasha aprendeu ali, como uma filha, a arte daquele povo atencioso pelas mãos da amável Shinara.

Poucos eram ricos como Dahalin. Já os pobres estavam em todos os lugares, nos mercados e nas ruas; também havia os pedintes e outros, que lutavam para sobreviver com muito pouco ou sem nada. Ela viu Dahalin e a esposa ajudarem muitos deles, mas também os viu negando ajuda aos oportunistas. Não sabia como, mas parecia que eles conheciam os trapaceiros apenas pelo olhar. Aprendeu muito, mas sabia que não tinha aprendido tudo, eles eram sábios. Não se tratava daquela sabedoria lida nos livros, era algo maior e mais maravilhoso que não conseguia descrever. Era maravilhoso relembrar todos aqueles ensinamentos.

Na manhã seguinte, levantou-se cedo e logo encontrou o jovem médico e Dahalin. Tomaram o café da manhã sem a companhia de Beatriz, que resolveu ficar um pouco mais no quarto, por causa da indisposição que estava sentindo, o que é muito comum quando se está próximo dos dias de se dar à luz. O médico, que atendia no hospital da cidade, saiu logo depois da refeição.

— O que a está preocupando, Natasha? Vejo que assim que conheceu Beatriz algo a incomodou. – falou Dahalin sem rodeios.

— Não é nada, Dahalin! – Se dissesse a verdade, ele poderia pensar que estava louca.

— Está assustada com o quê, ouviu algo que lhe desagradou? – Dahalin não iria desistir de ter uma resposta.

— Não ouvi nada, Dahalin, não sei do que fala. – Tentava escapar das perguntas.

— Vamos, fale-me o que se passa – disse finalmente como um pai severo.

Lina de Alexandria

– Dahalin, não posso falar sobre o que não sei, só sinto que algo está errado com a criança que vai chegar, mas como posso saber? – disse, confusa.

Dahalin segurou as mãos de Natasha e lhe falou muito firme:

– O que sente pode não ser o que pensa, foi trazida aqui por Deus, saberá como, você vai descobrir isso na hora certa, não negue novamente o seu destino – ele trazia em suas palavras a sabedoria e a tranqüilidade para que "a filha" pudesse entender que estava entre amigos.

– Jamais neguei meu destino – disse ela, que nem mesmo sabia se acreditava em destino.

– Nega-o muitas vezes ao deixar de falar nele. Posso não ouvir de seus lábios a verdade que esconde dentro de você, mas escuto teu espírito clamando por socorro – lamentava Dahalin por ela ainda ter tantas dúvidas.

– Está me deixando confusa! – sua voz estava embargada.

– Jamais a deixei confusa, estou sempre aqui para esclarecer suas dúvidas, mas se nega a pedir socorro. Quando ouvir os gritos de seu espírito, ouvirá as palavras que deixa de falar não somente a mim, mas a si própria. Pense, não culpe a vida pelo seu sofrimento. Encare tudo que viu e sentiu como uma grande prova para a qual precisa estudar se quiser ter bons resultados. Veja, você diz que foi bom ter ido a minha casa e que aprendeu muito, porém aprenderá mais quando deixar de olhar a vida com os olhos da carne, para olhá-la com os olhos do espírito, que é maior e mais puro, aí entenderá melhor tudo o que nos acontece, minha querida filha. Tenho-a em grande estima e confio muito em você, tenho certeza de que não vai me decepcionar. O maior defeito é aquele que criamos, não é o que Deus nos dá como advertência ou ensinamento.

80

Não podemos julgar os atos divinos, mas podemos nos julgar e caminhar em direção ao que nos foi reservado. Faça suas orações e procure ouvir seu espírito guiando-a, verá que tudo ficará mais claro e jamais temerá o que alertam!

– Amo a você e a todos de sua casa, jamais duvidei do seu cuidado e carinho por mim. Vou fazer como diz, estarei mais atenta, espero conseguir! – As lágrimas em seu rosto denunciavam seu sofrimento, que não admitia para si mesma.

Dahalin a segurou num demorado e terno abraço de pai, demonstrando o amor que sentia por aquela filha que lhe chegou em um momento de dor.

Não demorou muitos dias para que Dahalin conseguisse resolver tudo e retornasse à Índia. Natasha não pôde conter a dor e as lágrimas por mais que tentasse se dominar, sabia que demoraria muito para se verem novamente. Lamentou sua partida, mas estava decidida por sua vez a começar a andar sozinha, só não sabia ainda para onde. Parecia uma pequena folha levada pela correnteza, teria de seguir o curso deste pequeno rio que sua vida representava agora.

Beatriz aguardava o nascimento de seu filho, muitas vezes impacientemente, como toda mulher na hora da chegada de alguém tão desejado. Aguardava o momento com ansiedade e alegria, fazia planos e falava sem parar sobre o que sonhava fazer para seu filho. A guerra tinha deixado muitas dores em todo o país, mas agora era o tempo de sonhar com uma nova era. Seu filho estava chegando em um momento de muita esperança, já estava na hora de esquecer o passado!

Enquanto não chegava o dia do nascimento, Natasha colocava sua vida em ordem e conhecia a cidade. Via que os ingleses a tratavam com respeito mas com reserva aparentemente em virtude de seus trajes indianos. Percebia a perplexidade de todos, mas ninguém lhe perguntava o porquê daquelas vestimentas. Muitas vezes, Natasha ria sozinha. Decidiu cultivar as sementes que Shinara lhe deu em uma área do quintal da casa; plantou poucas coisas, para seu próprio uso e prazer, queria preservar todo o aprendizado trazido da Índia. Quando se lembrava dos queridos amigos deixados em país tão distante, se entristecia, mas logo se reanimava. Sabia que desta vez alguém iria precisar dela, e não o contrário. Mesmo sabendo que seria paga pelos serviços, era bom sentir que tinha algo a doar.

O grande dia chegou, Natasha não teve dúvidas. Era um belo dia, o sol brilhava timidamente, já prenunciava o começo do inverno e o vento estava bem fresco. O choro forte do bebê se propagou por toda a casa, o filho querido finalmente chegou. Chamaram-no de Charles, o nome do pai de Beatriz, morto na guerra. Não houve objeção por parte do marido. Natasha estava entusiasmada, pegou-o em seus braços, olhou-o e, por um instante fugaz, lembrou-se de quando deu a luz a seu próprio filho, mas não lhe deu um nome!

Não iria agora se lembrar de nada que a guerra lhe dera, especialmente de um filho que jamais amou ou desejou!

Charles era uma criança bastante saudável, e Beatriz logo começou a trabalhar no hospital com o marido, deixando aos cuidados de Natasha a bela criança. O tempo foi passando e cada vez mais ela ia se apegando ao menino. Ela o sentia bem próximo. O pai, sempre muito orgulhoso, logo ao chegar em casa corria para vê-lo. Eles traçavam planos para a criança como todos os pais fazem, falavam sobre escola, mas não percebiam o que Natasha ia percebendo e que temia contar.

– Senhor, não posso mais me calar, terá de saber, vosso filho é uma criança surda! – procurou falar rápido temendo arrepender-se.

Indiana

– O que pensa que está dizendo, Natasha? Não sabe nada, não é médica! – Achava absurdo o que ouvia.

– Senhor, perdoe-me, não estou dizendo que sei, apenas precisa verificar. Seu filho não se assusta com barulhos nem responde às minhas brincadeiras, só percebe que estou perto quando me vê, não me percebe chegar ao seu lado quando bato minhas mãos ou faço barulho ao andar. – Bateu suas mãos e também os pés para demonstrar.

– Natasha, ele é apenas uma pequena criança, não vejo nada de errado com meu filho. Beatriz, ao saber de suas suspeitas, não vai perdoá-la! – tentou argumentar no sentido contrário do que ela falava.

– Senhor, peço apenas que verifique minhas suspeitas. Faça um exame em seu filho ou leve-o a um outro médico, já que pode ser muito difícil para o senhor como pai – tentou ainda convencê-lo.

– Creio que não vai ser necessário. Meu filho é uma criança perfeita e, quanto às suas suspeitas, fique calada se quiser continuar a trabalhar nesta casa. Não quero mais falar sobre isso – seu tom de voz era ameaçador.

– Senhor, só estou tentando fazer meu trabalho corretamente, deveria verificar minhas suspeitas. Se não for verdade, vou embora desta casa, mas antes faça o que lhe peço, por piedade, pela criança, senhor!

– Não se trata de piedade, sou pai e médico e tenho certeza de que meu filho é perfeito. Vamos ver, sim, um médico e logo em seguida partirá desta casa.

Dizendo isso o médico saiu, não foi ver o filho naquele dia. Beatriz, ao saber das suspeitas de Natasha, chorou muito e pediu ao marido que a mandasse embora, não poderia mais confiar nela para cuidar de seu filho. Poderia ter ficado insana depois da guerra, sem falar que era polonesa e se comportava como uma indiana, nos trajes, com seus hábitos estranhos, suas orações. Era isso, pensou Beatriz, tinham trazido uma louca para sua própria casa e ela cuidava de seu pequeno filho!

Natasha por sua vez mantinha-se em silêncio, pedia a Deus para estar errada, já estava muito apegada ao pequeno Charles e não queria que fosse surdo. Mas por outro lado para onde iria?

O casal não mais falou com Natasha. Beatriz resolveu não ir trabalhar, não queria a moça cuidando de seu filho, e o doutor Jonathan foi procurar por um médico para examinar seu filho. Buscou também observar Charles mais de perto e ficou temeroso ao perceber que Natasha poderia ter razão quanto à possível surdez de seu filho. Permaneceu calado, precisava ter certeza das suspeitas, mas temia!

Quando o dia da consulta com o médico chegou, estavam nervosos. Beatriz, pela dúvida levantada por Natasha, queria que ela partisse naquele mesmo dia de sua casa, quanto ao doutor Jonathan, temia agora que fosse verdade o que ela tinha tido coragem de falar!

— Então, doutor, diga-me que meu filho é perfeito, e que aquela mulher é louca. O que ela disse não é verdade, não é mesmo? – Beatriz não agüentava mais tanta espera.

O médico olhou para o casal e voltou-se novamente para o pequeno Charles.

— Sinto muito, mas sua criada tem toda razão. Seu filho é totalmente surdo, e não há nada que possamos fazer! – O médico olhava para o casal com pesar.

— Ora, não pode ser, Deus não me daria um filho assim, eu não quero um filho surdo. Jonathan, você é médico, faça alguma coisa, tente curar nosso filho – Beatriz olhou para o marido em desespero.

Indiana

– Não se trata de curar ou não, senhora, ele é surdo. Terá de ajudar seu filho, vai precisar muito da senhora – informou o bom médico, sabendo como as coisas agora poderiam ser para todos.

Beatriz olhou para o marido e para o médico, pegou o filho nos braços e inundada em lágrimas disse ao marido para irem para casa.

Natasha estava aflita à espera de ambos.

– E, então, doutor, eu estava errada, não é? – indagou Natasha.

– Não, Natasha, estava certa. O pequeno Charles é mesmo surdo – o médico quase não conseguia acreditar em suas próprias palavras.

Beatriz chegou perto dela e deu-lhe a criança. Natasha pegou-a com muito carinho, reparando que faltava brilho no olhar da pobre mãe.

– Quem Deus pensa que é ao me dar um filho assim, não era o que eu merecia! – disse Beatriz voltando a chorar.

– Não diga isso, minha querida. Nosso filho é lindo, saberemos como criá-lo! – Jonathan tentava consolar a esposa, embora pensando no íntimo o mesmo a respeito de tudo.

– Não me diga isso. Não se cria um filho como este. O que pensa que ele vai fazer, ser médico como você, ou soldado como meu pai? Já sei, um grande negociante! Veja, ele não será nada! – Seu choro era de ódio contra o que o destino lhe dera. – Apenas um surdo, eu dei à luz uma criança surda que não vai servir para nada, será sempre um grande problema para nós. Sinto muito, querido, eu não queria lhe dar um filho assim.

– Senhora, ele é seu filho, não importa que seja surdo. Olhe, temos evoluído muito, vai ver ele será um grande homem – Natasha tentou sem sucesso expor seu ponto de vista.

Lina de Alexandria

– Não me diga o que não sabe, não imagina a dor que estou sentindo, teria de ter um filho assim para poder avaliar – Beatriz nem mesmo sabia o que dizia.

Natasha olhava a pequena e frágil criatura que dormia em seus braços em silêncio; levou-a para o quarto, colocou-a no berço e ficou observando-a em sua inocência dormir tranqüila.

"Como pode sua mãe rejeitá-lo desta maneira? Que culpa tem ele de sua surdez? Se essa deficiência é um fato, por que é tão difícil para todos aceitar esta vida que agora mais do que nunca tem de ser protegida? Beatriz está sendo egoísta ao pensar apenas em si. O fato de seu filho não ser igual aos outros não quer dizer que deixará de ter um futuro promissor, como podemos imaginar o que Deus nos reserva", pensou Natasha.

Mesmo com a ausência da mãe em sua vida, o menino crescia belo e muito sorridente. Natasha não descansava, tudo o que poderia aprender no tocante ao convívio com pessoas surdas ela procurou saber, por meio de livros, com médicos e mesmo professores. Assim ela conseguia fazer com que ele a entendesse bem, desenhando, trazendo figuras até ver seu rosto brilhar.

Falava-lhe muito devagar para que ele lesse em seus lábios as palavras que pronunciava. Percebeu que ele tinha facilidade em desenhar e gostava de brincar com as tintas que lhe trazia. Começou, então, muito devagar a lhe mostrar as letras e como eram pronunciadas; era um trabalho lento, mas gratificante para ela. Os pais de Charles não percebiam o progresso que ambos tinham alcançado com tanta dedicação.

Passados três anos, Beatriz tornou a ficar grávida. Não parecia muito feliz; temia dar à luz outro filho deficiente. Natasha tentava sem sucesso animá-la; enquanto os dias e meses passavam, Beatriz se recolhia em tristeza, não sabia lidar com a situação.

Mesmo sabendo que poderia de alguma forma ajudar seu filho, não conseguia se aproximar dele. Estava sempre ausente de casa, passando a maior parte do tempo no hospital. Sabia que Natasha cuidava bem dele e sempre o via sorrir. Jonathan não era tão indiferente quanto a esposa, mas também procurava evitar o filho, não sabia como lhe falar ou lhe dar afeto.

Passados nove meses, Beatriz enfim deu à luz uma pequena e saudável menina. Colocaram o nome Leonor na criança; Beatriz demonstrou não estar feliz, ainda temia o pior!

Mas os dias vieram provar que o medo de Beatriz era tolice, a pequena menina parecia normal. Veio então o primeiro ano de vida da pequena Leonor, que já pronunciava suas primeiras palavras, e Charles se encantava com a irmã mais nova. Ele tentava sem sucesso gritar imitando a irmã; aos poucos, ambos pareciam se entender muito bem, era impressionante o carinho entre os dois.

Natasha não desistia, ensinava a Charles tudo que aprendia e que ele poderia assimilar. Em pouco tempo ele entendia o que ela dizia, e por intermédio de sinais viu que ele também se saía muito bem. O tempo foi passando e logo ele já escrevia pequenas frases, ficava feliz em saber que poderia se comunicar, seu sorriso fazia com que o amor de Natasha por ele aumentasse ainda mais.

– Está vendo, você consegue! Quero que escreva tudo que lhe mostrei e depois leia com atenção o que quero lhe dizer com as palavras – falava, procurando animá-lo sempre.

Ele balançava a cabeça em afirmativa.

Assim Natasha passava o tempo dedicando-se ao pequeno órfão de pais vivos. Leonor era cercada de carinho dos pais, que nem percebiam que o filho se desenvolvia muito bem.

Logo Charles começou a se interessar por pintura, pintava pequenos objetos sem muita dificuldade, parecia familiarizado com os pincéis. Natasha via com alegria e ao mesmo tempo assustada que ele desenhava como alguém que fazia isso havia muito tempo, via seus desenhos e se maravilhava com sua habilidade. Ele percebia seu espanto, mas para ele o que estava fazendo era muito natural e bem divertido.

Descobertas

– BEATRIZ, PRECISA VER ISTO! – NATASHA ENTROU NA frente de Beatriz para evitar que saísse.

– Natasha, preciso ir, estou atrasada, após o almoço conversamos – Beatriz sabia que o assunto era Charles e procurava se esquivar.

– Não, você precisa ver isto, olhe, por favor, apenas olhe! – Colocou a imagem na frente dos olhos de Beatriz.

Sem muito interesse, Beatriz olhou. Era o seu retrato pintado em um quadro, sorrindo.

– É bem bonito, não lembro de ter falado que pintava, Natasha! – Estava realmente admirada.

– Não fui eu quem pintou, foi o Charles – disse sorrindo.

Beatriz tornou a olhar o quadro e sentiu que o chão se abria aos seus pés. Foi invadida por um turbilhão de sentimentos e de culpa, começou a chorar, mas não sabia se de alegria ou de tristeza. Como por tanto tempo pôde ter apenas presenciado o crescimento de seu filho, sem participar dele? Charles, no entanto, a percebia, coisa que ela sempre se negara a fazer.

– Não pode ter sido, ele é apenas uma criança surda! – disse Beatriz, achando que Natasha poderia estar mentindo para chamar sua atenção.

– Sim, ele é surdo, mas não está fora deste mundo. Venha, vou lhe mostrar o que seu filho já sabe fazer – Natasha apontou para a saleta onde costumava ensinar Charles.

Natasha mostrou para Beatriz pequenos cadernos em que ele escrevia sozinho, falou-lhe quanto era dedicado e que entendia praticamente tudo o que lhe falavam, ainda mostrou os desenhos, alguns muito bons, outros apenas rabiscos.

– Ele sabe que se envergonham dele por ser mudo, mas, creia-me, ele ama os pais que tem. É como se ele os entendesse e estivesse apenas esperando, enfim, ser notado. Beatriz, repare como ele e a irmã parecem conversar mesmo sem ele falar e ouvir. Ele não pode falar pelo fato de não ouvir, mas, por Deus, ele pode fazer muitas outras coisas, tente aceitá-lo antes que seja tarde demais, ele é seu filho!

– Não sei como fazer, Natasha. Estou há tanto tempo vendo apenas o tempo passar, acho que me acostumei a vê-lo só como uma criança que mora em minha casa e estou acolhendo – dizia entre lágrimas e movida pela culpa.

– Não pode pensar assim. Ele é fruto do seu amor, você sentiu dores ao tê-lo assim como com Leonor, experimentou as mesmas sensações, não pode apenas vê-lo passar por entre os corredores da casa e ignorá-lo. Veja o quanto tem se esforçado. Para ele é mais difícil, contudo não desistiu. Deve olhar para seu filho. Você o ama, posso ver em seus olhos, sentir em seu sofrimento silencioso o quanto se castiga por não lhe dar o mesmo carinho que dá a Leonor. Não faça de seu filho um pedinte de seu amor de mãe! O que mais quer que ele faça para que o note, que ele morra? Aí, Beatriz, será tarde demais!

Indiana

– Natasha, deixe-me em paz, não consigo, meu coração o rejeita, sinto muito – disse aos gritos.

– Quem sente muito, senhora, sou eu – penalizou-se Natasha, dando-lhe as costas e saindo.

Beatriz ficou sozinha na saleta de estudos de Charles. Sentou-se e ficou olhando à sua volta, cada detalhe daquele pequeno lugar que Natasha transformara. Havia gravuras diversas nas paredes, livros em grande quantidade, que tratavam de como educar crianças que, por serem surdas, dificilmente falavam. Era com letras que se comunicavam e na grande maioria das vezes com gestos. Ela os via juntos o tempo todo, Natasha transformara-se na mãe de Charles. Como ela poderia agora começar a ser mãe, como falaria com seu filho, como se desculparia de sua covardia por deixá-lo em mãos estranhas que o seguravam com tanta firmeza, como ele poderia agora começar a confiar nela? Ele estava mais seguro com Natasha tomando conta dele. Jamais teria feito o que ela fez. Ia saindo da sala quando reparou no pequeno caderno na mesa à qual ele se sentava para fazer as lições dadas por Natasha. Começou a folheá-lo e a ler pequenos trechos carinhosos escritos por ele para sua professora, sentiu ciúmes, porém sabia que ela mesma provocara toda aquela situação... Num outro trecho, leu:

"Papai, mamãe, eu os amo muito e sei que vocês também me amam, só não sabem como me dizer, será que um dia saberão como fazer?"

Como uma criança de apenas sete anos poderia escrever aquilo? Sua letra ainda muito infantil definia seu pedido de socorro, Beatriz sentia-se cada vez pior consigo mesma. E também estava pedindo socorro, mas para quem? Pensou em Natasha, como ela poderia ajudá-la? Como ela e o marido poderiam se colocar como pais de Charles novamente? Se ao menos soubessem comunicar-se com ele como fazia Natasha, que parecia conhecer sua alma. O problema não era tanto entender como falavam, e sim como viveriam com o muro construído entre eles durante todos esses anos.

Resolveu olhar cada um dos livros que havia na sala. Natasha buscava explicações médicas, filosóficas e religiosas e mergulhou no mundo de Charles como se quisesse conhecê-lo a fundo, tornar-se igual a ele. Sem medo e sem culpa, como no caso de Beatriz. Verificou cada caderno de lições passadas por Natasha, viu o crescimento de Charles nas pequenas linhas dos cadernos; pôde sentir seu esforço, sua satisfação, pôde também avaliar o quanto fora egoísta exigindo piedade de Deus, enquanto Natasha tomava em suas mãos toda a obrigação de amar e cuidar de Charles. Perguntava-se por que Deus a castigara dando-lhe um filho surdo, e não percebia que ela que era surda por não ouvir Natasha e cega por não ver seu próprio filho. Ele esperava apenas que ela, sua mãe, o visse, não importava para ele não ouvir, importava ser notado. Ela estivera cega, cega pelo egoísmo e pela vaidade. Não quisera aceitá-lo porque queria exibir um filho perfeito para seu marido. Então tornou-se cruel e totalmente ausente na vida do filho, fazendo com que o marido tomasse uma posição igual à dela, de total ausência, culpando e responsabilizando Deus por seus próprios erros! Chocada com a descoberta, Beatriz pedia a Deus para que não fosse tarde demais!

Procurou Natasha, que estava no jardim vendo as crianças brincarem juntas. Ela cuidava de suas plantas, enquanto vez ou outra pousava seu olhar nos dois.

– Natasha, estive pensando, temos alguma chance de sermos pais de Charles novamente? – Beatriz precisava saber e perguntou com humildade.

Sem olhar para ela, Natasha respondeu duramente.

Indiana

– Nunca deixaram de ser pais de Charles. Esconderam-se no pavor de como iriam falar-lhe de quem era a culpa de sua surdez – sua voz era seca e severa.

– Não me escondia dele, Natasha, me escondia de mim mesma! – Abaixou os olhos com vergonha da descoberta.

– A senhora acha que pode se mostrar agora, por quê? – Ela poderia não saber a resposta, pensou.

– Preciso desta chance, Natasha, me ajude.

– Não posso ajudá-la, o amor que quer ter pelo seu filho terá de ser o seu, não o meu!

– Como farei para descobrir o amor que perdi pelo meu filho?

– Se houvesse mesmo perdido jamais iria vê-lo nas noites escuras em seu quarto, nem choraria por ter um filho surdo. Tente apenas não se culpar e veja quanto ele pode ser e não o que não pode ser – ia falando sem parar de fazer o estava fazendo.

– Como sabia que ia vê-lo? – Beatriz ficou perplexa.

– Senhora, como acha que cuido de seu filho?

Envergonhada, Beatriz começou a chorar. Percebendo isso, as crianças ficaram imóveis, olhando-a.

– Senhora, tente se controlar, seus filhos estão assustados!

– Vou entrar, conversaremos depois.

– Não se preocupe, senhora, não vai precisar de minha ajuda. Já descobriu que jamais deixou de amar seu filho, só não sabe como lidar com o problema, mas tenho certeza de que saberá logo!

No dia seguinte, Beatriz dirigiu-se ansiosa a seu marido.

– Jonathan, preciso ficar alguns dias ausente do hospital. Falarei com a enfermeira-chefe, se ela não permitir pedirei minha demissão! – Beatriz estava decidida.

– O que a fez tomar essa decisão? Sei quanto gosta do seu trabalho, foi por esse motivo que Natasha veio trabalhar conosco e toma conta de nossa casa e de nossos filhos. O que aconteceu, algum problema com ela ou com eles? – Olhou sobre seus ombros para ver se encontrava algo que denunciasse o que estava fora do lugar.

– Não, meu querido, o problema está em mim mesma. Preciso retomar o que penso ter perdido, não sei se ainda há tempo. Fiquei por anos me culpando, transformei minha vida em um vazio sem sentido e fiz com que você também o fizesse.

– Do que está falando Beatriz? Parece perturbada – Jonathan não estava entendendo nada do que ela lhe falava.

– Veja isso, foi nosso filho quem fez! Diga-me como se sente. – Beatriz mostrou-lhe a pintura que Charles tinha feito.

– Tem certeza de que foi Charles que fez este quadro? Parece muito bom para uma criança...

– Uma criança surda, era o que pretendia dizer? – disse antes mesmo de o marido concluir o que falava.

– Não, não ia dizer isso. Ele é uma criança de apenas sete anos, como poderia pintar assim? – Sem dúvida alguma sua esposa estava com problemas.

– Está vendo quanto não conhecemos nosso filho? Natasha, que não tem o mesmo sangue, sabe mais dele do que nós. Nós demos nosso sangue, nosso nome, só não demos nosso amor!

– Nunca disse que não o amava, Beatriz!

– Também nunca disse que o amava; sinto que ambos nos culpamos. Ele, no entanto, não quer nos culpar, e sim nos ter ao seu lado. Precisamos tê-lo conosco, tê-lo ao nosso lado, como deve ser entre pais e filhos. Você acha que temos alguma chance?

– Eu não sei, ficaria feliz se ainda conseguirmos alcançar sua vida...

Ambos se abraçaram e deixaram que a verdadeira emoção brotasse em seus corações; temiam um pelo outro como jamais tinham temido pelo sofrimento do pequeno Charles.

Começava uma nova vida para Charles. Beatriz, depois de obter a licença para se ausentar do trabalho, começou a conhecer a rotina de seu filho. Nos primeiros dias, apenas acompanhou de longe, juntamente com Leonor; percebeu que era mais complicado do que imaginava. Natasha tentava diminuir a distância entre eles; a aproximação era muito lenta. Beatriz nada sabia de seu próprio filho, o que gostava de comer, como brincava, seus gostos e manias, para ela tudo era muito estranho!

— Tenho uma idéia, senhora. O que acha de aprender comigo tudo que ensinei a Charles? – perguntou Natasha.

— Acha que pode dar certo? – perguntou Beatriz temerosa.

— Bem, não sei, mas pense, assim poderá aproximar-se mais rápido dele! – Natasha parecia bastante confiante.

— Creio que não é uma má idéia, me ensine tudo, vou ser uma aluna aplicada como meu filho, eu prometo.

— Bem, como ele já sabe ler e escrever vai ser mais rápido. A senhora verá uma coisa que é muito importante, faça-o sempre olhar para a senhora enquanto fala, ele poderá não entender tudo, mas já é um começo, limite o que tem a dizer a poucas palavras e fale pausadamente para que ele a acompanhe. Quero que leia este livro com calma e cuidado. Nas manhãs, iremos todos juntos ao passeio pelo jardim, quero que ele perceba sua presença, mas que não a questione por que, está me entendendo? Não podemos demonstrar que está se esforçando, e sim que está fazendo isso há muito tempo. Quando ele perceber as mudanças, já estará acostumado com sua mãe ao seu lado e tudo ficará bem, verá – Natasha falava com firmeza, estava agora a ensinar.

Lina de Alexandria

— Espero que esteja certa, Natasha, não quero que ele fique pensando que estou ao seu lado por obrigação, como até hoje pareceu. Quero que meu filho sinta que eu o amo!

— Ele sentirá se demonstrar esse amor de verdade!

Natasha ensinava passo a passo tudo o que Beatriz precisava saber; muitas vezes brincavam todos juntos como crianças, com tintas, brinquedos ou correndo no jardim. Charles tinha finalmente a família à sua volta. Jonathan, ao chegar do hospital, era agarrado por Charles pelas pernas, sempre tinha uma novidade para contar-lhe.

Natasha sentia-se feliz ao ver seu pequeno e valente Charles derrubar os muros da indiferença e do preconceito criados em sua própria casa; ele não se importava, apenas queria ter à sua volta as pessoas que amava e que agora também sabia que o amavam.

— Fiquei sabendo de uma escola que Charles poderá freqüentar, o que acha Natasha? — comentou Beatriz, que começava agora a fazer planos para o futuro do filho.

— Ele ficará muito satisfeito com a idéia, já contou a ele? — perguntou Natasha, feliz.

— Não, queria saber antes a sua opinião.

— Bem, senhora, já a tem. Seu filho finalmente tem uma mãe que se preocupa e faz planos para ele, assim como todas as mães. Vejo que deixou seu medo para trás e começou uma nova vida, de coragem!

— Sinto-me recompensada por Deus por ter-me dado um filho tão perfeito! — Beatriz começava a entender o que realmente significava ser imperfeito.

— Minha senhora, não sabe como me alegro em saber que agora seus dias estão iluminados com o brilho do amor divino.

Natasha começou a sentir novamente uma inquietude conhecida. Teria de fazer mudanças em sua vida. Com o passar dos dias,

Indiana

as crianças estudando, ela mesmo com muitas tarefas, começou a questionar-se por que ainda estava morando naquela casa. Soube que muitos poloneses estavam voltando para a Polônia e se também o fizesse poderia saber se Sasha, sua esposa e filhos estavam vivos. E sua mãe, será que ela tinha sobrevivido? Muitos tinham conseguido, assim como ela; quem sabe ainda tinha um noivo, apesar do tempo. Como poderia ser seu regresso depois de tanto sofrimento?

— Natasha, tem certeza? Não queremos que parta, e as crianças? Charles ainda precisa muito de você! — Beatriz tentava fazê-la mudar de idéia.

— Senhora, ele a tem, não sentirá minha falta se estiver ao seu lado. Leonor sempre foi uma menina independente, ela tomará conta de todos se não tomarem cuidado!

Todos riram da observação de Natasha, Leonor era mesmo uma menina decidida.

Não demorou muito e tudo já estava pronto para que Natasha viajasse para a Polônia. Declararam que se algo desse errado poderia voltar, estariam aguardando-a, agora fazia parte daquela família. Beatriz sentia que lhe devia muito, não teria sabido lidar com tudo que passou se não fosse sua mão amiga.

No dia da partida, Natasha não foi se despedir das crianças, elas iriam sofrer muito e não entenderiam sua decisão. Os abraços e choros eram algo doloroso demais para ela, pois era a segunda família de quem se separava e talvez jamais voltasse a ver.

A viagem era muito longa e assustadora. As lembranças que brotavam em sua mente eram horríveis como uma nascente de água, procurava pensar em situações agradáveis, mas parecia que as tristes teimavam em aparecer. Só queria chegar logo!

Sua chegada não foi uma festa, a cidade parecia morta. Mesmo com as residências, as lojas, as escolas, os prédios refeitos e com a

97

retomada da rotina havia muitos anos, parecia que o sangue ainda escorria pelo caminho. O choro e sofrimento ainda latejavam em suas lembranças. Procurou um lugar simples para ficar, sabia que o dinheiro que economizara durante anos não iria durar muito tempo, então, tinha de ser um local modesto. Achou uma pequena hospedaria, era acolhedora e também oferecia refeições; teria de tomar um banho e descansar para depois ver se na cidade ainda havia alguém conhecido!

Iria primeiro à igreja, precisava agradecer por ainda estar viva e de volta ao seu país; estava assustada com o que viria a saber e feliz por estar de volta a suas raízes.

Chegando à igreja, viu que muita coisa havia mudado, parecia reformada por inteiro. Os nazistas não haviam respeitado nada. Procurou pelo padre Samuel, mas não o encontrou. Ficou sentada como fazia quando todos eram somente poloneses e não havia refugiados, sobreviventes de guerra! Nesse momento, em um segundo fugaz, teve a sensação de vislumbrar toda a sua vida passando por sua mente.

Viu então um padre entrando, era jovem.

— Perdoe-me, padre, meu nome é Natasha. Sabe me dizer se o padre Samuel faleceu?

— Sim, na guerra muitos poloneses morreram. Disse que se chama Natasha, é polonesa? — O padre olhava para ela admirado de suas vestes.

— Sou, cheguei hoje. Quero ver se ainda encontro alguém de minha família – informou Natasha, observando o olhar atento do sacerdote.

— Não se veste como uma polonesa, e sim como uma indiana. O que lhe aconteceu, pode me contar? – Não procurou esconder sua curiosidade.

Indiana

– Passei muito tempo na Índia depois que fui salva pelos ingleses. Gosto de me vestir assim, há algo errado? – Sabia que todos se perguntavam por que se vestia como indiana e se divertia muito com isso.

– Não há problema algum, minha filha, tem suas razões, e tenho certeza de que, como muitos daqui, quer esquecê-las! – E continuou a olhá-la com admiração e respeito.

– Mas não conseguimos, padre. O que conseguimos é viver com dignidade os dias que nos restam – falou com muita tristeza.

– Ainda bem que pensa assim, pois muitos que conheço se arrastam como vermes; tenho orado muito por suas almas! – Olhou para o altar.

– Padre, muitos testemunharam horrores e outros passaram por situações ainda piores! – disse Natasha, olhando também para o novo altar da igreja.

– É, indiana da pele clara; mas isso ficou para trás, temos agora de seguir nossos dias, temos muito que festejar por estarmos vivos. Venha, vou preparar um bom chá para tomarmos. Diga-me, pretende voltar para a Índia? – E a levou para uma pequena sala onde havia pequenos utensílios de cozinha e um fogão.

– Não, senhor; estava morando na Inglaterra, trabalhando com uma família, mas estou pretendendo ficar aqui! – Era o que realmente queria.

– Espero que fique, mas se não ficar eu entenderei. – O padre sabia que na Inglaterra estaria bem melhor; os sinais da destruição na Polônia ainda eram visíveis.

A conversa transcorreu agradavelmente e Natasha descobriu que muitos sobreviventes não haviam voltado para a Polônia. Teriam ido para outros países, assim como ela. Houve grande

Lina de Alexandria

dispersão e muitos talvez jamais voltariam a ver seus parentes ou mesmo conhecidos.

Voltou para a hospedaria, estava pensativa, como seria sua procura? Bem, poderia verificar nas antigas residências, era mais sensato pensar assim, todos voltariam para os seus lares, apesar da destruição teriam algum ponto de referência, e seria também o seu.

Quando o dia amanheceu, sentiu que o frio era bem mais intenso; ou por estar nervosa, sentiu o corpo todo tremer. Caminhou pelas ruas e viu muita pobreza, as pessoas olhavam-na com desconfiança, não sabiam que era polonesa como eles, por causa de suas roupas. Resolveu ir perguntando para as pessoas que passavam por ela ou que a olhavam com curiosidade se conheciam seus parentes. Nada sabiam, muitos por medo nada falavam, não sabiam quem ela realmente era. Durante o primeiro dia, não obteve sucesso em sua antiga casa, nem na casa de Sasha; não iria desistir, caminhava pela cidade procurando insistentemente, se fosse preciso bateria na porta de cada residência, iria à cidade vizinha e só desistiria quando sua vida acabasse, pensava.

Mais um dia passara, seus pés doíam, mas não pensava em parar de procurá-los.

– Senhora, posso lhe falar? – perguntou um jovem.

Natasha olhou para o rapaz que se aproximou um tanto assustado e bastante curioso.

– Conhece o senhor Sasha? Ele tinha um pequeno comércio e era casado na época em que começou a guerra... – dispara a perguntar.

– Não precisa falar mais, senhora, conheço, sim. Bem, talvez seja o mesmo que está a procurar – respondeu não esperando que Natasha terminasse de falar, e também querendo saber por que ela procurava por seu pai.

Indiana

– Então, filho, fale-me onde posso encontrá-lo, irei vê-lo agora mesmo – não conseguia disfarçar sua ansiedade.

– Preciso saber por que a senhora quer vê-lo. – Ela era uma desconhecida e precisava saber ao menos por que o procurava.

– Então, vamos tomar algo enquanto falo. Venha, vamos até onde estou hospedada, não fica muito longe daqui, me acompanha? – Natasha estava muito cansada, precisava mesmo descansar.

– Sim, senhora, vamos!

Ambos seguiram calados. Chegando à hospedaria, Natasha pediu um chá e começaram a conversar. Tinha esperanças de que ele tivesse boas notícias.

– A senhora me desculpe reparar, veste-se como uma estrangeira, mas fala fluentemente o polonês. É polonesa, estou errado?

– Não, está certo. Durante a guerra, depois de passar por experiências dolorosas demais, fui parar na Índia. Lá, fui acolhida por uma família que me tratou como se eu fosse uma de suas filhas, me amando e cuidando de mim como jamais alguém cuidou. Esse jeito de me vestir é uma maneira de me lembrar deles com carinho. Também gosto de me sentir como uma indiana, será que me entende? – enquanto falava, Natasha olhava para o horizonte, revisitando velhos fatos.

– Bem, talvez, mas é estranho querer ser alguém que não se é!

– Quem disse que não sou? Sou hoje mais indiana do que algum dia fui polonesa! – Natasha disse inflando o peito.

– Está fazendo como muitos que partiram, negando sua verdadeira pátria? – perguntou o rapaz com tristeza.

– Não, não nego que sou polonesa, apenas quero me sentir mais viva. Os poloneses tornaram-se um povo morto; vamos demorar muito para ressurgir do horror da guerra e não quero ficar presa a tristes lembranças.

— Sei como a senhora se sente e creio que muitos daqui também se sentem assim, mas meu pai jamais pensará como a senhora ou eu. Meu nome é Paulo, sou o filho mais velho de Sasha! – disse finalmente.

Perplexa, Natasha olhou para o rapaz procurando alguma semelhança com seus pais. Não saberia dizer, suas lágrimas brotaram de felicidade. Então Sasha estava vivo!

— Diga-me quem mais sobreviveu? – Pegou as mãos do sobrinho.

— Somente eu e meu pai, e pelo que sei a senhora, minha tia. – Não pôde conter também as lágrimas, sem saber ao certo se era de felicidade ou por vê-la chorar.

Ouvindo Paulo falar, seu coração gritou de dor; não era o que queria ouvir, entre soluços tentou continuar a conversar com o rapaz, que agora sabia quem era.

— Como ficou sabendo que estava à procura de vocês? – Procurou acalmar-se.

— A senhora perguntou para muita gente e acabou chegando aos meus ouvidos que estava à procura de meu pai. Achei muito estranho alguém que se veste de maneira tão diferente estar nos procurando, mas quando me falaram seu nome tive o cuidado de não deixar que meu pai soubesse até eu ter certeza de que era mesmo a minha tia.

— É um rapaz astuto. Agora que sabemos quem somos, poderei ver seu pai? – disse já se levantando para partirem.

— Sim, mas vou avisá-la, agora é um homem amargo, perdeu as pernas na guerra, na explosão de uma mina, quando fomos atacados pelos alemães. – lamentou Paulo.

Indiana

— Estiveram juntos? — perguntou, sabia o que os alemães faziam com crianças.

— Sim, mas minha mãe foi levada para outro lugar, não ficamos mais sabendo dela; meus irmãos menores foram mortos.

— Não fale mais nada, não quero ouvir falar sobre a guerra, já sofremos muito para que fiquemos relembrando de tudo novamente — As lembranças eram angustiantes para ambos.

— Se quiser, podemos ir ao encontro de meu pai, ele ficará surpreso ao vê-la novamente; mas digo à senhora que ele não é uma pessoa agradável! — Paulo sabia que tinha de alertá-la.

— Vou tentar entender, prometo! — Não poderia ser pior do que o que já havia visto.

Seguiram caminhando presos em um silêncio pesado. Sabia que ele se perguntava o porquê de ela estar de volta e o que estava pretendendo. Ela também se perguntava como eles estariam vivendo, como ele cuidava de si e do pai, que não tinha as pernas. Devia ser doloroso demais para um jovem e uma tarefa de muita responsabilidade também.

Chegaram ao local, que parecia mais um amontoado de casas mal construídas onde residiam pessoas que não disfarçavam a insatisfação de morarem ali. Seguiram por um dos corredores e logo viram Sasha, sentado numa cadeira de rodas velha. De imediato ele não a reconheceu, apenas se olharam perplexos, sem acreditar no que estavam vendo.

— Paulo, quem é essa mulher? — perguntou Sasha.

— Sasha, sou eu, Natasha, sua irmã! — falava entre lágrimas.

— Não pode ser a minha irmã, ela não tinha essa aparência que você tem! — Foi duro em suas palavras, era uma voz rude, sem emoção alguma, não havia ódio ou amor, ele parecia apenas estar vivo por não ter outra chance para morrer.

103

Lina de Alexandria

— Sabe que sou eu, sei que me reconhece, não me parece louco — Natasha estendeu-lhe as mãos.

— Bem, eu não, mas creia, vestida da maneira como está, me parece louca!

— Vim de muito longe, estou há dias caminhando por esta cidade à sua procura e me recebe como se recebesse um vendedor ambulante?

— Veio porque quis, não me lembro de tê-la chamado, nem mesmo sabia se estava viva!

— Veja, agora sabe, voltei para ver os meus, como pode me receber assim? Sei que está magoado demais, contudo sua amargura não pode cegá-lo!

— Bem, prefiro ser cego a andar com as roupas que anda!

— Sim, cego e sem duas pernas, o que mais preferiria, diga-me. Poderei fazer sua vontade? Diga, meu irmão.

— Se veio a minha casa para insultar-me, pode voltar de onde veio. Paulo, leve esta louca daqui, não quero que ninguém saiba que ela é minha irmã. Para mim, meus parentes estão todos mortos.

— Sinto-me penalizada por Paulo, por ele ser obrigado a cuidar deste traste no qual você se tornou. Creio que a crueldade dos nazistas tomou conta de seu coração.

— Não venha me dizer em que me tornei, não é apta para isso.

— Sim, sou; vamos Paulo, me leve de volta!

Eles saíram do cubículo e se dirigiram apressadamente à rua.

— Sinto muito, eu disse à senhora que ele poderia não recebê-la bem! — tentou desculpar-se o sobrinho.

— Eu sei, mas creia-me, não esperava que estivesse tão mal. Ele se tornou uma pessoa amarga, parece que culpa a todos pelas dores que carrega no peito, mas nós também carregamos nossas dores e espero que você não fique como ele.

Indiana

– Senhora, algo de muito ruim aconteceu em cada um de nós e não sabemos o que foi, cada qual tem sua cicatriz, uns a escondem, outros a deixam à mostra.

– Tem razão, Paulo, não sabemos no que nos tornamos, somos um povo separado por uma dor terrível, mas a única coisa que não podemos fazer é nos culpar!

– Vai voltar para a Inglaterra?

– Ainda não sei, mas tudo indica que sim, não há nada que me prenda aqui, não há muito trabalho, há muita pobreza, seria preciso começar de novo, e já não creio que tenha fôlego para isso.

– Antes de partir vai se despedir?

Natasha olhou para o rapaz, que chorava em silêncio.

– Não vou partir logo, ainda tenho muito que falar a você e ao seu pai.

Ele olhou-a admirado.

– Não pensa que desisti de falar com seu pai – disse Natasha, tentando dar um pouco de ânimo ao rapaz. – Não me conhece, Paulo, não poderia ficar e discutir com um homem que não sabe bem o que diz. Estamos assustados com o que acabamos de ver. Nós, assim como ele, não somos o que um dia fomos, nos transformamos, e temos de ter um tempo para assimilar tudo. Falou-me que ele não tinha mais as pernas, mas não me disse que viviam em um lugar como aquele, é muita tristeza para ambos, seu pai se sentiu humilhado com minha presença. Ele era um homem muito promissor nos negócios, sabia e gostava do que fazia, nos ajudava muito e mantinha sua família muito bem. Veja, agora, como pensa que ele se sente? – perguntou ao sobrinho e a si mesma.

– Não tinha pensado dessa maneira, minha tia! – conseguiu dizer Paulo, depois de pensar por alguns instantes.

105

Lina de Alexandria

– Então, não julgue seu pai. Ele sente que não serve para mais nada e ainda não consegue deixar de sentir medo. Sei que ele parece um peso, mas creia-me, Deus não o deixaria vivo se não houvesse um propósito, e eu não estaria aqui depois de tanto tempo.

– Ainda pode acreditar em Deus? – Ele não conseguia pensar como ela.

– Somente acreditando nele pude suportar muitas dores e me penalizar por erros, já tive ódio por quem deveria amar, já tive amor por quem deveria odiar, não poderia viver hoje se não acreditasse que Deus está cuidando para que nossos erros e acertos sejam julgados.

– Poderei voltar para podermos conversar mais ou vai nos procurar se quiser ver novamente meu pai? – Lutava em seu íntimo para que sua tia não lhes virasse as costas, talvez fosse a última chance de terem a oportunidade de sair das condições em que a vida lhes tinha colocado.

– Amanhã não, daqui a dois dias, para que ele possa refletir e para que todos nós possamos no silêncio escutar tudo que aconteceu!

Despediram-se, e Natasha viu o caminhar lento de Paulo, andava devagar e com a cabeça baixa carregando em suas costas muitas tristezas, apesar de sua curta vida.

Durante os dois dias que se passaram ela procurou aproximar-se mais de Deus, manteve-se em silêncio, comeu pouco; para não adoecer, alimentou-se de frutas e legumes, como é do costume dos indianos. Quando precisam buscar as respostas, eles se mantêm em silêncio para ouvir a voz da razão. Orou a Deus e buscou pacientemente o que procurava. O senhorio da hospedaria tentou sem sucesso saber o que estava acontecendo, ela não queria falar, apenas ouvir.

106

Indiana

Depois de exatos dois dias, ouviu batidas na porta, sabia que era Paulo.

– Como vai, meu sobrinho? – disse ao abrir a porta e deixar Paulo entrar.

– Bem! Estou aqui como me pediu, dois dias depois. O que vai fazer agora?

– Vamos ver seu pai, já estou pronta! – disse Natasha bastante confiante no que deveria fazer.

Seguiram então para mais uma visita, só que desta vez Natasha já sabia o que encontraria.

– Ele ainda não quer vê-la, falei que viria encontrá-la e ele me disse para me afastar de você.

– Não tenho de me preocupar com seu pai, e sim comigo mesma.

– Não sei se a entendo, fala de maneira estranha.

– Precisa aprender a ouvir – ela sorriu e lembrou das palavras de Dahalin.

Ele, então, manteve-se calado. No local onde moravam, as pessoas já não pareciam mais se interessar por ela. Entraram e encontraram Sasha tomando chá.

– Pode me servir um pouco? – Aproximou-se Natasha do irmão, tentando ser gentil.

– Por que voltou? – perguntou sem dirigir o olhar para a irmã.

– Quero chá, depois conversaremos. Paulo, saia, seu pai e eu temos muito que falar.

– Não quero que ele se vá! – adiantou-se Sasha.

– Está com medo de mim? Vá, meu filho, eu prometo que ele ficará bem.

– Pensa que pode mandar em minha casa?

Lina de Alexandria

– Não quero ficar discutindo como se fôssemos crianças.

Como ele não a serviu, ela mesma colocou o chá. Vendo que sua tia tinha razão, Paulo resolveu sair e deixá-los sozinhos; havia muita coisa para ser dita entre eles.

– Seu filho é um grande homem, não o vejo queixar-se de ter de cuidar de você!

– Por que se queixaria?

– Não é um homem amável hoje, já foi um dia. Lembro-me do seu horror em saber que eu preferia meu pai morto a vê-lo doente naquela cama.

– Ele lutava para continuar vivo – Sasha lembrou-se da luta do pai e do sofrimento de todos a sua volta.

– Não é o que você faz hoje?

– Não me importo em viver ou morrer, o que acha que sinto? Parece que tudo que eu amava e em que acreditava se foi e jamais voltará!

– Não me amou um dia?

– O que fala? É minha irmã!

– Não foi o que perguntei, me amou?

– Deus, como eu poderia não amá-la? Chorava por não saber de você, de nossa mãe e de minha querida esposa... – Sasha começou a chorar, Natasha o olhava com carinho.

– Sasha, o que pensa que está fazendo? Estou de volta, diz que chorava por causa de minha ausência e quando volto me trata mal?

– Mas não é a minha irmã, está diferente, como alguém que jamais vi.

– Só porque hoje me visto como uma indiana não quer dizer que deixei de ser Natasha! – Tocou em sua roupa e mostrou-lhe que era apenas tecido.

Indiana

– Não sei mais o que mudou em você – Ainda chorava e suas lágrimas caíam suavemente pelo rosto.

– Tem razão, muita coisa mudou em mim, e tenho certeza de que em você também. Creia-me, não quero saber se foi bom ou ruim, só quero saber que o tenho de volta. Poderemos, com o tempo, nos acostumar ou nos aceitar, se não for possível ao menos sejamos irmãos – Natasha só precisava sentir que não tinha ficado totalmente sozinha na vida depois da guerra.

– Para quê? Logo vai embora e ficaremos separados novamente, isso tudo que me diz é inútil – Sasha esperava que ela, ao deparar com a pobreza em seu país, partisse.

– Sei que logo partirei, mas poderão ir comigo.

– Onde acha que me colocaria? Olhe bem para mim, Natasha, sou um aleijado.

– Veja, Sasha, seu filho precisa continuar a viver, não pode negar isso a ele. Ele poderá voltar aos estudos, logo terá um bom emprego e cuidaremos melhor de você. Temos bons médicos na Inglaterra, não pode recusar, os levarei com muito gosto.

– Não sei se é o certo.

– O que pensa que é certo, matar seu filho lentamente?

– Como pode falar de meu filho? Não sabe nada de filhos.

– Sei muito mais do que pensa, quem ignora é você, está tirando do seu filho a chance de ele passar a viver longe do pesadelo que a guerra nos fez viver, todos nós já perdemos muito, não o faça perder mais, pense. Eu voltarei assim que mandar chamar-me com a resposta; a propósito, seu chá é muito ruim – Levantou-se e partiu sem se despedir. Paulo estava afastado.

– Disse a seu pai para irmos todos para a Inglaterra – adiantou Natasha a Paulo o que tinha sugerido ao irmão.

Paulo, atônito, demonstrou que era o que de fato queria.

– Peço a Deus que ele aceite. Ficarei feliz em saber que não estou tão sozinha, e poderemos os dois cuidar dele melhor. Vá, meu filho, zele por seu pai e ore para que Deus nos ajude e para que possamos aceitar sua vontade.

Mudanças

NATASHA CAMINHAVA E QUANDO PERCEBEU ESTAVA em frente de sua antiga casa, ou do que restava dela, não servia para mais nada agora. Pôde lembrar-se de seu pai e das corridas frenéticas de Sasha para evitar o trabalho, dos conselhos de sua mãe; não sabia que era feliz naquela casa, quanto amava cada um deles. Pedira tanto para voltar para casa, só esquecera de pedir que todos estivessem juntos novamente. Não poderia mais voltar o tempo, teria de fazer tudo que estivesse ao seu alcance para que Sasha e Paulo partissem com ela para sua nova casa, antes que percebessem o que deixariam para trás como ela percebeu naquele momento.

Caminhou até a igreja e viu o padre conversando com uma senhora que lamentava a sorte. Quando ele a viu, procurou fazer com que a senhora se adiantasse em suas lamentações.

– Conseguiu notícias de sua família, minha filha? – procurou saber o jovem padre.

– É muito jovem, padre, para me chamar de filha. Sim, encontrei meu irmão e lhe restou um filho, dos outros não sabemos – Natasha olhou-o com os olhos marejados de lágrimas.

Lina de Alexandria

– Meu Deus, deve estar feliz, agora poderá ficar – tentou o padre animá-la.

– Não, padre, não vou ficar. O que faria para me manter? Não temos emprego, tudo aqui está morto, levará muito tempo para renascer tudo que um dia esteve de pé.

– Está sendo pessimista, minha filha. Temos muita coragem, muitos de nós provamos isso, você é uma dessas pessoas.

– Sei, padre, mas na Inglaterra já tenho um bom emprego. Poderei ajudar ainda mais minha família se estivermos todos lá.

– Tenho certeza que sim, eu estava apenas tentando fazer com que ficasse, somos um povo muito dividido.

– Está fazendo o que lhe parece certo, padre, buscando manter todos unidos em sua pátria, mas muitos de nós possuímos destinos diferentes.

– Eu quero que a Inglaterra, que nos rouba uma bela jóia, festeje a nova filha que lá se instalará. Vejo em seu olhar quanto ainda quer estar viva! – O padre segurou com carinho as mãos de Natasha.

– Estou viva, padre – Natasha apertou as mãos do padre para provar-lhe sua força.

– É o que quer, minha filha! Continuar a viver!

Fizeram uma oração juntos. Ele a abençoou e despediram-se. Natasha voltou para a hospedaria, aguardando pacientemente a resposta de Sasha.

Os dias transcorriam, e ela se mantinha calma. Parecia controlada e confiante, não queria apressar nada, confiaria na vontade divina.

Uma semana depois, ouviu a batida na porta do quarto, correu para abrir.

– Minha tia, pensei que já tivesse partido – o sobrinho estava bastante abatido.

Indiana

– Disse que só iria quando seu pai desse a resposta – fez com que Paulo entrasse.

– Ele não quer ir, mas eu irei com a senhora – o rapaz estava decidido e não morreria como o pai, que queria fazer isso consigo mesmo.

– E vai largá-lo aqui sozinho? – disse Natasha surpresa com a decisão do sobrinho.

– Não vou morrer aqui, estou tendo a chance de continuar minha vida, ele não pode tirar isso de mim – estava quase gritando ao falar.

– Sinto muito, Paulo, só levarei os dois, não vou deixar meu irmão. Como acha que ficaria longe dele?

– Tia, eu quero trabalhar, ter uma família, acha que aqui terei chance?

– Sim, terá, mas será muito mais difícil. A cidade ainda está sendo reconstruída e levará algum tempo para que tudo volte a ser como antes. Vá, eu vou pensar e antes de partir falarei com você!

Paulo ainda tentou falar, mas Natasha não lhe deu atenção. Então, ele partiu de volta para casa. Trabalhava vendendo coisas pela rua e o que ganhava mal dava para comerem. Seu pai não estava pensando em seu futuro. Tudo poderia mudar, ele estava tendo uma chance, mas parecia que ninguém realmente se importava...

– O que está fazendo aqui? Pensei que tivesse voltado para a Inglaterra. – Sasha não agüentava mais a insistência de Natasha.

– Ainda temos de nos falar antes de minha partida! – Natasha procurava manter-se calma e não se dava por vencida.

– Já mandei dizer que não vou com você.

– Reconsidere, Sasha. Venha comigo e passe um tempo apenas; se não gostar volte, não negue isso a Paulo!

113

Lina de Alexandria

– Se eu for, tenho certeza de que ele não vai querer voltar.

– Não pense assim. Sei que está com medo por causa do idioma, mas tudo se aprende, não aprendeu a estar em uma cadeira de rodas, a viver neste cubículo? Tente, ao menos!

– Eu não sei o que pretende, Natasha!

– Sasha, não posso ficar aqui. Lá tenho um bom emprego, vou ajudá-los mais estando próxima a vocês.

– Não estamos pedindo sua ajuda.

– Paulo está pedindo minha ajuda; ele quer ir comigo mesmo que você não queira. Prefere ser largado aqui sozinho nestas condições?

– Ele é meu filho, vai fazer o que eu mandar.

– Ele é seu filho, mas já é um homem com cicatrizes profundas como as nossas. Ele quer recomeçar de maneira digna, não tire isso dele, por Deus. Tente, verá, estará bem amparado.

– Já não me sinto jovem para começar novamente, ele que parta com você, se quiser.

– Não o levarei se não for junto – tentou argumentar Natasha. – Pense no que está fazendo, ele é a única coisa que lhe restou!

– E mesmo assim quer arrancá-lo de mim?

– Sasha, não seja egoísta.

– Quando pretende partir?

– Logo – Natasha sabia que não poderia demorar mais.

– Quer que eu parta para um país estranho e ainda com uma mulher que se veste de maneira estranha, o que espera que eu pense de tudo isso?

– Não quero que pense, apenas venha comigo. Esqueça como me visto, lembre-se de que sou seu sangue e não quero vê-lo morrer aqui nesta miséria.

Indiana

– Eu nem mesmo posso pagar a viagem!

– Pagarei, e quando Paulo estiver trabalhando ele me devolverá – Sabia o quanto Sasha era orgulhoso; agindo dessa maneira o faria parar de sentir pena de si mesmo e ainda daria um novo estímulo para Paulo, o trabalho.

– Ainda não disse que vou!

– Mas quer o melhor para Paulo; vamos, ficaremos todos bem.

Natasha foi até Sasha e deu-lhe um beijo no rosto. Ele a olhou com a certeza de que teria de confiar nela.

– Eu posso demorar a falar inglês. Enquanto isso o que vou fazer?

– Vai aprender, é o que vai fazer, aprender!

Riram da maneira como falou, foi quando Paulo entrou.

– Posso saber do que riem?

– Paulo, comece a arrumar tudo, iremos todos para a Inglaterra. Verifique quais os documentos necessários. Quero partir o quanto antes e estar logo morando com minha verdadeira família! – Natasha falava eufórica, sabia que estava fazendo o que era certo para todos.

– Eu vou agora mesmo providenciar tudo, minha tia.

E saiu correndo para verificar o que deveria fazer. Natasha ficou um pouco mais com o irmão e logo voltou para o hotel. Sentia-se muito feliz, seu irmão não se arrependeria de ter decidido partir com ela; seria bom para Paulo, ele estudaria e poderia ter um bom emprego, mesmo com a recessão e a crise econômica que o país atravessava por causa da guerra, ainda assim estaria em melhor condição que a atual.

Dias depois chegaram à Inglaterra. Precisava arrumar logo algum lugar para ficarem, não poderia pagar uma hospedaria por

115

muito tempo. Seu dinheiro já estava quase no fim, embora não fosse dizer isso a eles para que não ficassem desanimados. Assim que ela os deixou na pensão, tomou seu caminho para a casa em que trabalhava.

– Meu Deus, Natasha, é mesmo você? – disse a criada da casa de Beatriz, quase não acreditando em seus próprios olhos.

– Sim, Margareth, onde estão todos? – disse, já entrando na casa.

– Bem, os patrões estão no trabalho e as crianças na escola, mas todos esperavam que voltasse.

– Não falei que voltaria! – Natasha surpreendeu-se ao ouvir tal afirmação.

– Todos esperavam que sim. Venha, vou preparar um chá, tenho de aguardar que eles mesmos contem as novidades!

Natasha tentou saber da criada o que se passou na sua ausência, mas não conseguiu. Margareth era a moça que tinham arrumado para ajudar nos afazeres domésticos, para que Natasha ficasse exclusivamente com as crianças, principalmente com Charles.

Enquanto esperava, resolveu ir ver como estava o jardim. Havia plantado rosas, ervas para chás, plantas às quais ela aprendera a dar o devido valor, na Índia, com Shinara. Sentiu falta de Shinara e seus familiares, da tranqüilidade em que foi envolvida enquanto esteve morando com eles. Pôde aprender com Dahalin como se aprende com um pai a arte da vida. Sabia que ainda não havia se transformado no que Dahalin e Shinara lhe desejavam, mas estava no caminho certo, sentia que muita coisa estava para mudar em sua vida. Não conseguia saber bem o que era, mas tinha um pressentimento muito forte; começou a fazer o que Dahalin sempre lhe ensinara, começou a ouvir.

Indiana

– Então, voltou. Sentiu que não poderia nos deixar! – Beatriz se aproximou com os braços abertos e com um belo sorriso estampado em seu rosto.

– Senhora, sinto-me muito feliz por saber que ainda tenho meu lugar em sua casa – abraçou-a, matando assim a saudade de sua mais nova amiga.

– Como não haveria de tê-lo?

– Muito obrigada, pensei que poderia não me querer mais trabalhando aqui.

– Mas não quero mesmo. Tenho muitas coisas para lhe falar, e tem de ser com tempo; vá, descanse e arrume suas coisas. Logo de manhã conversaremos. Jonathan também nos fará companhia, mas antes fale com as crianças. Elas estavam ansiosas demais por sua volta, Charles sente muita sua falta!

– Também senti falta deles – Natasha só não entendeu bem o que Beatriz quis dizer, estaria desempregada?

As crianças, desde que a viram, não pararam de lhe fazer perguntas. Charles parecia ter aprendido muito na escola, estava menos tímido e seus olhos refletiam o brilho de uma criança que é muito amada. Beatriz se comportava como uma mãe atenciosa e cercava-o dos cuidados que por tanto tempo lhe negara.

Natasha levantou-se muito cedo, não conseguiu ficar mais tempo na cama.

Antes de todos acordarem, Natasha preparou o lanche da manhã para que pudessem fazer o desjejum juntos. Sabia a rotina da casa; logo estariam prontos para um novo dia. Teria de ser paciente, procurar controlar-se, a vida a havia ensinado a ter disciplina.

– Conseguiu conter sua curiosidade, Natasha? – Beatriz ria como uma criança marota.

Lina de Alexandria

– Bom dia, senhora! Tive uma boa noite de sono e sendo assim preferi preparar o café da manhã – Natasha procurou disfarçar seu nervosismo.

– Sei que não é isso, está curiosa para saber o que estou querendo lhe falar, mas vamos comer primeiro, e logo que as crianças forem levadas à escola vamos a um lugar e lá conversaremos.

Assim foi feito, todos se reuniram e fizeram juntos a refeição matinal; logo as crianças se foram, em seguida Natasha foi levada por Beatriz e o marido para um lugar bem próximo ao hospital. Assim que chegou, verificou que se tratava de uma escola. Foi entrando e numa das salas viu todos os seus livros de estudos, eles estavam ali bem colocados. Ficou surpresa e admirada com o que viu.

– O que está acontecendo aqui, senhora? Doutor, por que meus livros estão aqui?

– Espero que tenha gostado do lugar! – disse Beatriz passando a mão nos livros.

– Sim, é um belo lugar, mas o que está acontecendo?

– Muito simples, Natasha, venha, vamos nos sentar, quero lhe falar tudo que estamos pensando. Tenho certeza de que vai gostar de nossas idéias, afinal foi você quem começou tudo isso! – disse Jonathan, que também estava tenso.

– Não estou entendendo nada, eu... – Natasha começava a ficar bastante confusa.

– Veja, Natasha, nosso filho é um exemplo de seu trabalho e esforço – Beatriz esforçava-se para se acalmar –, para que uma criança como ele tivesse uma vida melhor. O que fez nos mostrou quanto estávamos errados. Precisei ver com meus olhos seu crescimento ao seu lado. Já imaginou quantas crianças como ele também precisam de sua ajuda?

118

Indiana

– Senhora, o que afinal quer me dizer?

– Calma, Natasha. Beatriz está bastante nervosa, deixe-a terminar! – Jonathan colocou a mão no ombro de Natasha.

– Veja, Natasha, quantos pais como nós precisam conhecer seus filhos? Queremos que você dê aulas para crianças surdas e para seus pais – Beatriz falou e suspirou aliviada, afinal conseguira terminar.

– Eu? Ensinar outras crianças e seus pais? – Natasha não pôde acreditar.

– Sim, percebemos que a maior dificuldade entre pais e seus filhos está no fato de não se conhecerem. De nada valerá ensinar as crianças se os pais não forem orientados. Elas serão preparadas para ir a uma escola normal como Charles. Ele sabia escrever, sabia ler, muito antes de ter idade para isso, e veja como se aprimorou no desenho. Tudo isso o tornou mais feliz. Você nos ensinou a nos comunicar com nosso filho e a verdadeiramente conhecê-lo. Já imaginou quantos pais sofrem, como nós sofremos, por ter um filho com quem não sabem como lidar? – Beatriz falava entre soluços.

– Mas não sei se posso. Cuidei de Charles desde que ele nasceu, é bem diferente do que querem que eu faça, é muita responsabilidade. – Natasha olhava à sua volta – Estamos falando de crianças que têm muitas dificuldades por já nascerem surdas. E suas famílias, como me veriam? Para alguém que nada sabe a respeito deles, como eu neste caso, é muito doloroso falar que estão errados.

Jonathan não imaginou que teriam problemas em convencê-la.

– Mas o fez conosco, teve coragem, nos enfrentou. Veja, mesmo sendo médico, não fui capaz de notar que meu filho era surdo e, o que é pior, aceitar a vontade divina. Muitas vezes revoltei-me

Lina de Alexandria

com Deus. Pensava por que a nós, que estivemos sempre prontos para curar, Deus deu um fardo tão pesado para carregar. Contudo você nos mostrou que Charles não é um fardo, e sim uma jóia valiosa. Agradeço a Deus por Dahalin tê-la nos trazido. Natasha, tenha piedade de tantas pessoas que sofrem com esta dor, tente ao menos!

– Tudo aqui está tão bem organizado, as salas, os espaços, eu preciso pensar! – Natasha estava mesmo admirada com o cuidado do casal.

– Não fará de graça, receberá por suas aulas, se é isso que a preocupa – Beatriz disse-lhe que teria um salário.

– O fato de receber é importante, sim, mas não é tudo, senhora, tenho de falar que trouxe da Polônia meu irmão e um sobrinho que quero muito ajudar; pensei que poderia ter meu emprego de volta, mas vejo que as mudanças são grandes. Terei de estar comigo mesma. Preciso refletir, não quero ser precipitada em tomar uma decisão como esta.

– Ficamos felizes por saber que achou seu irmão e seu sobrinho; ajudaremos no que for possível. Pense com carinho, Natasha, olhe tudo em volta e imagine quantas pessoas estaremos ajudando. Seu coração é grande, não o deixe vazio. – Jonathan tinha esperanças de que ela decidisse fazer o que pediam. – Teremos de ir, mas fique e sinta este lugar como o espaço de uma nova e grandiosa esperança para muitas crianças como Charles.

Eles partiram e a deixaram sentada; não pensava, sentia-se feliz, mas confusa. Será que eles não estariam precipitando tudo? O fato de ter ajudado Charles não queria dizer que poderia ajudar outras crianças!

Natasha percorria as salas, tocava os móveis e procurava pensar nos entes queridos que deixara na Índia, no pequeno Nadhi, que folheava os livros e sorria ao ver as figuras. Ficava muitas vezes tentando entender o que ele procurava nas figuras, mas sabia que o que ele queria era ter a liberdade de expressar o que sentia e entender as palavras ali escritas. Todos o entendiam com seus gestos ou por lhes mostrar com as mãos o que queria, mas Natasha sabia que o mundo dele era muito triste. Quando descobriu que Charles era surdo, não quis que ele fosse criado à parte do mundo, como Nadhi, por falta de conhecimento. Então passou a pesquisar e estudar o assunto para conseguir uma aproximação de Charles. Era bom o que Beatriz e Jonathan queriam fazer, mas seria ela a pessoa certa?

Resolveu ir procurar seu irmão e o sobrinho para ver se estavam bem; não diria nada a eles até que estivesse certa do que fazer.

– Paulo, como está seu pai?

– Bem. Está na janela, ele não se cansa de ver as pessoas passarem de um lado para outro – Paulo falou achando graça.

– E, você, está gostando?

– Bem, minha tia, ainda é muito cedo para saber, mas tenho certeza de que vou gostar muito desta terra.

Natasha ficou bastante tempo conversando com eles, queria se assegurar de que estavam satisfeitos de terem tomado a decisão de deixar a terra natal. Procurou deixá-los bem informados sobre os horários das refeições e o funcionamento da hospedaria, para que fossem bem atendidos, e recomendou ao proprietário para que cuidasse bem dos dois.

Voltou para a casa de Beatriz e, como o jardim estava precisando de cuidados, ficou bastante tempo ali absorvida a cuidar das plantas. Foi para o seu quarto e procurou ficar em silêncio; jejuaria para melhor ouvir a resposta que estava procurando.

Manteve-se retirada no quarto; por ali todos sabiam que ela ficaria o tempo que fosse necessário buscando a resposta. Já tinham se habituado com sua maneira de ser, sabiam que havia absorvido muito de seus costumes no aprendizado que tivera com Dahalin.

Durante sete dias e sete noites manteve-se apenas com alimentos leves e chás, orando para tomar a decisão certa; afastou-se até mesmo do irmão; não queria que nada atrapalhasse sua meditação.

— Senhora Beatriz, agora podemos conversar, já tenho a resposta! – finalmente anunciou Natasha.

— Tenho certeza de que será a que estamos esperando – Beatriz estava confiante.

— Senhora, vou ensinar as crianças como me pediu e também vou orientar seus pais. Sabe que não o poderei fazer sozinha, teremos de preparar mais pessoas – Natasha sorria feliz, já conseguia fazer planos.

— Tudo que me pedir para fazer da escola um sucesso eu farei, e também Jonathan. Estamos prontos para lhe ajudar, quanto a seu salário vamos estudar uma remuneração para que possa viver bem – Beatriz, satisfeita, lhe deu um abraço.

— Senhora, tudo que tenho já é o bastante, mas vou precisar de dinheiro, pois, como já lhe disse, trouxe da Polônia meu irmão e meu sobrinho. Eles estão em uma hospedaria e não tenho dinheiro para mantê-los até o meu sobrinho começar a trabalhar.

— Sinto, se não lhe dei a atenção merecida. Já disse que fiquei feliz por ter finalmente reencontrado sua família – Beatriz pensou como devia ser penoso sentir-se só neste mundo.

— Somente o que restou dela, senhora – falou com tristeza Natasha.

Indiana

– Mas já é um começo; quero conhecê-los. E, Natasha, pelo que sei existem mais pessoas da Polônia que vivem aqui na Inglaterra, poderemos procurá-los, assim eles não se sentirão tão sozinhos. Precisam ter pessoas da mesma terra, patrícios, para ajudá-los, o que acha?

– Acho muito bom, senhora, terei de vê-los hoje e contarei as novidades – Natasha percebia que todas aquelas mudanças em sua vida representavam um grande passo.

– Enquanto isso verei a nossa escola, quero colocá-la em funcionamento o mais rápido possível. Natasha vai fazer um grande bem a muita gente! – disse Beatriz.

– Espero que sim, senhora, o que mais quero é fazer o bem para muitas pessoas, ainda mais para crianças como o Charles.

O tempo foi passando e Natasha viu a escola crescer rapidamente e atender muitas crianças. Teve de fazer grandes modificações no prédio, construir dormitórios para os que moravam longe e não tinham onde ficar, bem como para ela mesma, que resolveu ficar mais tempo ali, fazendo da escola sua própria casa. Recebia visitas regulares de Charles, que se mostrava cada dia mais feliz e integrado com todos. Os desenhos dele eram cada vez mais deslumbrantes; retratava tudo com perfeição e também inventava e criava coisas, pois tinha uma imaginação espantosa; era ademais muito alegre e isso fazia com que seus pais o olhassem com admiração e respeito. Leonor crescia rodeada de atenção e Charles era seu grande companheiro. Sasha, seu irmão, estava morando em uma casa modesta em um vilarejo afastado onde viviam muitos refugiados da guerra; poderiam ficar muito tempo conversando e tornando suas vidas mais agradáveis com lembranças de experiências do passado. Paulo, que havia arrumado um bom emprego no comércio, progredia e tinha muitos sonhos. Natasha o encorajava

123

Lina de Alexandria

e sabia que se ele fosse persistente não iria demorar a conseguir realizar suas ambições.

Agora não a conheciam mais por Natasha, todos a chamavam de Indiana, por seus trajes e por falar como uma indiana, embora soubessem que não era. Ela não se importava, gostava de como a chamavam, sentia que havia finalmente começado uma vida nova!

– Indiana, tem uma senhora lá fora que quer lhe falar – disse Samantha, sua mais nova auxiliar.

– Peça para entrar. É outra mãe com uma criança? – perguntou Natasha, sem tirar os olhos dos muitos papéis que havia espalhado em sua mesa.

– Sim.

– Vá, Samantha, tenho muitas coisas a fazer; peça-lhe que entre para conversarmos.

Indiana continuou corrigindo as lições dos alunos. Gostava de acompanhar seu progresso, depois costumava chamar suas mães e mostrava onde as crianças precisavam melhorar.

– Bom dia, senhora – falou a mulher com sotaque alemão.

Natasha tremeu ao ouvir a voz. Numa fração de segundo, reviveu tudo o que passou no sofrido cárcere em que esteve por tanto tempo. Tentou ficar com a cabeça baixa, mas sabia que teria de encarar a mulher. Então, percebeu que ela desviara o olhar e pressentiu que ela soubesse de seu ódio.

– Não tenho nada para falar com a senhora, pode ir embora, não posso ajudá-la, procure outro lugar! – Natasha foi seca e ríspida.

– Senhora, escute, preciso de sua ajuda, meu filho...

– Seu filho não me importa. Vá, não quero vê-la aqui.

– Senhora Indiana, a guerra já acabou há muito tempo, há anos, precisa saber...

Indiana

– Acabou para alguns, senhora. Vá embora, já disse, não vou ouvi-la mais, não a quero aqui, minha escola não está aberta para pessoas como a senhora – interrompeu, sem dar chance de a mulher lhe falar.

– Tenha piedade, é uma mãe que lhe implora ajuda! – Irrompeu a chorar.

– Também implorei ajuda, senhora, e não queira saber o que recebi de volta; estou apenas pedindo que vá embora.

Vendo que não seria recebida, a mulher partiu em prantos. Samantha tentou conversar com Indiana, mas ela se recusou a ouvi-la. Sabia que não agüentaria ver aquela mulher e seu filho juntos, queria e precisava esquecer o que tinha vivido, mas parecia que o destino não lhe permitia o esquecimento.

– Indiana, é verdade o que ouvi hoje? Recusou uma mãe por ser alemã? – Beatriz não acreditava no que lhe tinham falado, precisava ouvir da própria Indiana.

– Senhora Beatriz, sinto que deve estar indignada, mas não poderei ajudar. Seria horrível, eu a teria ao meu lado lembrando-me de meu passado – ela não voltaria atrás em sua decisão.

– Não poderá enterrar seu passado e sentar-se em cima, negando sua existência – Beatriz respondeu com firmeza.

– Sei, mas com ela por perto tudo seria ainda mais difícil.

– Sempre será difícil. Sabemos que jamais esquecerá a guerra, mas pense, será que de tudo o que aconteceu nada tirou de proveitoso? Acredito que de toda experiência tiramos algo de bom, tente pensar no que de bom ela trouxe a você.

– Nada, a guerra não trouxe nada de bom para mim – Natasha esquecera das inúmeras amizades que fizera em virtude dela.

– Às vezes, tenho a sensação de que não é a lembrança da guerra que lhe traz amargura, e sim algo que nela aconteceu.

Lina de Alexandria

Lembre-se de que poderia acontecer a mesma coisa caso não estivesse em guerra, o que quer que tenha sido o que a transformou em uma pessoa amarga – dizendo isso deixou-a sozinha.

Natasha calou-se diante de todos, mas será que Beatriz tinha razão? Não era pela guerra que se revoltava?

Curiosamente, a mulher alemã voltou à escola e tentou falar novamente com Indiana, mas foi em vão.

– Indiana, tente ouvi-la, ela está desesperada – Samantha se compadeceu da pobre mãe.

– Samantha, vá fazer seu trabalho – Natasha não parecia se comover.

Natasha olhou pela janela e viu a alemã caminhar de um lado para outro, chorando com as mãos no peito como se estivesse sentindo muita dor. Nada do que ela fizesse, porém, deixaria Natasha penalizada. O sofrimento dela parecia fazer Natasha ainda mais feliz. Tentou não pensar assim, mas era o que sentia. Resolveu sair e ir até a casa de seu irmão para contar-lhe tudo o que estava acontecendo, não se sentia bem com todos olhando-a com recriminação, até mesmo os alunos e suas mães.

– O que pensa que está fazendo? Ela precisa de sua ajuda! – Sasha disse, admirado pela atitude da irmã.

– Parece que todos resolveram me acusar! – Natasha tentava defender-se.

– Pense, minha irmã, todos a admiram, a vêem com respeito. Eu mesmo já vi sua persistência para comigo; veja o que fez, me arrastou até aqui com meu filho e estamos muito melhor, ele canta de alegria e vive sonhando; e saiba que está até pensando em se casar. O que teríamos se ficássemos onde estávamos? E foi você quem nos deu este presente. A guerra acabou!

Indiana

– Não para mim, Sasha! – Ainda havia muito ódio no coração de Natasha, o que muitos desconheciam.

– O que deixou lá, o que a perturba tanto? – Sasha tentou saber o que realmente havia acontecido.

– Nada, não deixei nada, o que pensa que está falando?

– Por que se esquecer da pessoa que foi antes da guerra? Já me perguntei muitas vezes: de quem se esconde, de si, ou de alguém que quer tirar de sua lembrança?

– Enlouqueceu?

– Indiana, assim a chamam agora, mas eu vou chamá-la de Natasha; minha irmã, o que deixou para trás que teme tanto reviver?

Natasha não pôde conter suas lágrimas. O que ela mesma não percebia parecia que outros enxergavam. O que escondia de si mesma?

Sasha carinhosamente dirigiu-se à irmã.

– Vai me contar tudo que aconteceu?

– Era um tenente, ele fazia de mim sua mulher, eu o odiava – disse ela, mas continuava a esconder a verdade.

– Só que não sabe se ainda o odeia, não é?

– Não sei, são anos que se passaram, e parece que jamais poderei esquecer! Preciso recomeçar a sentir que hoje estou viva e preciso mudar!

– Então não vejo mal algum em ajudar a pobre mulher, ela é alemã, nada tem contra você, será a melhor forma de mostrar-lhe o que aprendeu com a guerra, que temos de nos unir e não continuar a nos odiar. Esta guerra precisa ter um fim, os alemães não obtiveram êxito no que queriam, mas você, uma polonesa, agora indiana, conseguiu. Vá, minha irmã, mostre a todos o que pode fazer para si e para os outros, já me mostrou

Lina de Alexandria

quanto podemos ser grandes quando queremos, agora faça isso por você mesma! – Sasha até estranhou seu entusiasmo ao falar com a irmã daquela forma.

Natasha levantou-se, ia partir quando ele a segurou pela mão.

– Eu sinto muito pelo seu sofrimento, não imaginei que um dia pudesse ter passado por terríveis provações, imagino o quanto tem se culpado!

– Não sabe o quanto eu lamento, meu irmão, tenho aprendido muita coisa, principalmente a ensinar muitos a amar, só não consegui eu mesma fazê-lo – lembrou-se de seu filho sem ao menos querer saber se estaria bem; jamais havia feito uma oração para que estivesse bem, nem mesmo o queria fazer...

– Não tenha pressa, sabemos que vai conseguir, tem caminhado para isso, vá e faça com que eu sinta cada dia mais alegria de ser seu irmão!

Ela caminhava pela cidade e todos os que a conheciam faziam questão de parar e conversar com ela, muitos apenas para cumprimentar, mas alguns para pedir conselhos. Era respeitada e admirada por todos, sabiam quanto ela queria ajudar. Não obstante, ela se culpava por ter o coração duro quando se tratava dos alemães, e provavelmente não seria melhor que eles pensando do jeito que continuava a pensar!

Ao chegar perto da escola, viu a alemã em pé no portão olhando para dentro. Sabia que só ela poderia permitir sua entrada na escola e estava usando isso para castigá-la, mas estava castigando a pessoa errada!

– Quanto tempo pensa ficar em frente da minha escola? – perguntou Indiana ao se aproximar da mulher.

– Sei que vai mudar de idéia, vou esperar o tempo que for preciso, meu filho precisa de sua ajuda – seu apelo parecia sincero.

Indiana

– Por que pensa assim? Na Alemanha também existem escolas para crianças como seu filho.

– Sim, mas já tentei todas. Ele precisa estudar; quando eu não mais existir, o que será de meu filho?

– Está morando aqui?

– Não, senhora, estou em uma hospedaria!

– Tem dinheiro bastante para ficar lá?

– O que tenho não sei quanto tempo vai durar.

– Então ouça o que vamos fazer. Seu filho ficará aqui sozinho por enquanto, quero-o longe de você por algum tempo. Virá vê-lo daqui a dois dias, e quando vier, marcarei seu retorno. Está disposta a seguir minhas instruções?

– Farei qualquer coisa para ver meu filho bem!

– Então pode trazê-lo, vou ajudá-la. Sabe que terá de pagar a escola?

– Sim, sei, senhora Indiana, não sabe quanto lhe sou grata!

– Não me agradeça, estou fazendo o que me propus, ele será mais um de meus alunos! – Olhava-a com indiferença.

– Sim, sei, não peço que o veja de outra maneira – Rebeca agradecia aos céus. Finalmente seu filho teria uma chance. Indiana era muito respeitada e já se ouvia falar nela até na Alemanha; sua maneira de ensinar era inovadora; precisava tentar tudo que era possível para que seu filho pudesse fazer parte do mundo e se tornasse um grande homem.

Indiana lhe deu as costas e entrou; tinha de ser uma pessoa boa, pensou. Dahalin ficaria muito decepcionado de ver sua atitude egoísta. Parecia, aliás, que todos esperavam que tomasse uma atitude bondosa, mas seu coração ficava rígido como pedra quando se tratava dos alemães. Perguntava-se como seria conviver com aquele menino.

129

Os Irmãos

NO DIA SEGUINTE, TODOS ESTAVAM À ESPERA DE QUE mãe e filho alemães chegassem. Indiana aparentava despreocupação, mas temia não corresponder às expectativas de todos.

— Bom dia, senhora Indiana, este é meu filho Rodolf – disse orgulhosa a mãe do menino, que a olhava assustado.

— Ele é um menino muito bonito! – Tinha de admitir que era mesmo um belo menino, mas com um rosto triste, pensou.

— Obrigada, cuide bem dele, senhora, ele é para mim uma grande riqueza. Seu pai não o tem como filho, o ignora porque o menino é surdo, mas sei que se ele puder se comunicar, o pai o verá de outra maneira – havia um tom de amargura em sua voz e muita esperança.

— Tentaremos fazer o possível, agora vá e volte daqui a dois dias. Teremos muito o que conversar – Natasha não queria ter proximidade com aquela mulher alemã.

Rodolf percebeu que sua mãe ia embora e tentou segui-la. Indiana o impediu, mostrou-lhe que ficaria ali com ela; ele se fechou e se encolheu. Natasha percebeu, então, que ambos teriam problemas.

Segurando-o pela mão, foi mostrando a escola, fazendo com que ele olhasse tudo. Enquanto falava, ele a ignorava todo o tempo, contudo ela sabia que não poderia forçá-lo, iria manter-se calma e esperar que ele desse o primeiro passo.

– Indiana, o menino alemão se recusa a comer, o que devo fazer? – Samantha estava aflita.

– Deixe-o, quando ele tiver fome, ele vai procurar você. Lembre-se, Samantha, o menino tem nome, ele se chama Rodolf. Gostaria que o chamasse pelo nome – Natasha ao longo do tempo aprendeu a ser exigente.

– Sim, me desculpe.

Natasha sabia de antemão que iria demorar para que Rodolf confiasse nela e nas outras pessoas que trabalhavam na escola. Precisava ter cautela, para ela também seria difícil, era um momento delicado, seria um teste que precisaria vencer. A situação a colocaria à prova em relação a tudo o que tinha aprendido e ensinado a outros.

Passados dois dias, a mãe de Rodolf veio visitá-lo. Em lágrimas, ela o abraçava. Natasha a olhava com frieza, como se não fosse possível Rebeca sentir amor no coração.

– Sinto falta de meu filho – Rebeca falava entre lágrimas.

– Sei, mas terá de ter paciência; ele é um menino bastante rebelde, recusa-se a comer e a fazer qualquer coisa que lhe é pedida – Natasha não pensara que ele pudesse rebelar-se.

– Senhora Indiana, faça o que for necessário para que ele possa entender o que se passa à sua volta – falou Rebeca, com carinho.

– Estou me esforçando para isso!

Lina de Alexandria

– Sei que não gosta de nós.

– Peço que me perdoe, nunca pensei que tivesse de lidar com uma situação dessas.

– Algum dia foi mãe, senhora?

– O que tem isso a ver com o que está acontecendo, minha senhora?

– Rebeca, meu nome é Rebeca, tem muita coisa a ver. Saberia o que sinto ao ver meu filho ser ignorado pelo pai, enquanto seus dois irmãos têm mais atenção. Meu marido não percebe o sofrimento que faz meu filho passar com essa atitude; gostaria que não fizesse o mesmo ignorando-o.

– Senhora Rebeca, eu não posso saber quanto sofre, tenho meus próprios sofrimentos que me atormentam, mas tenho certeza de que Rodolf poderá me ensinar muito mais do que eu a ele; agora vá, em uma semana poderá voltar e ficar em um quarto que estou providenciando para a senhora e seu filho. Participarão das aulas e logo ele poderá ir para uma boa escola na Alemanha.

– É tudo o que mais quero, vou confiar na senhora, como tenho visto muitos confiarem!

Natasha sentiu-se feliz quando Rebeca partiu; não poderia imaginar o que sentia, lutava contra o sentimento que invadia seu coração, mas sabia que teria de fazer muito mais.

Mais um dia se passou em que Rodolf recusou-se a comer e a participar das atividades. Samantha estava impaciente, mas nada falou para Natasha. Ela temia que a criança ficasse doente, mas procurou acreditar na maneira como ela conduzia tudo. Rodolf ficou sentado no quarto em que dormia, trancando-se em si mesmo.

Enquanto colhia algumas ervas no canteiro que cuidadosamente cultivava ao ficar responsável pela escola, Natasha olhou para o horizonte, buscando compreender a situação. Sabia que

Indiana

Rodolf não poderia agüentar muito tempo sem comer, teria de ser enérgica com ele, mas também dar muito doce para que ele confiasse nela. A sua deficiência auditiva o tornara um menino mimado e muito mais protegido do que o normal para uma criança da sua idade. Pegou cuidadosamente as ervas aromáticas colhidas e as frutas secas que mais apreciava, preparou um prato belo e cheiroso, que perfumou toda a escola; em seguida separou frutas frescas e comida e dirigiu-se ao quarto de Rodolf.

— Pronto, agora é nossa vez, temos de conversar e não poderá fugir de mim, assim como eu não tenho como fugir de você – falou carinhosamente Natasha ao menino.

Rodolf virou o rosto para a parede, procurando ignorá-la. Ela aproximou-se dele, deixando a comida e as frutas sobre a mesa e segurou seu rosto com delicadeza.

— Olhe para mim, Rodolf. Sei que me entende, percebo pelo seu olhar que é muito mais esperto do que sua mãe imagina. Sei que faz tudo isso por birra; está machucando sua mãe e a fazendo sofrer, não pense que assim seu pai o verá. Veja, não se alimenta e não toma banho há mais de quatro dias, está parecendo um mendigo, cheira mal e logo vai começar a se enfraquecer. O que quer ser? Um grande homem para que todos o admirem ou vai ser o que seu pai pensa que você é? – Ela tentou mexer com sua auto-estima.

Ele a olhava e fingia que não havia entendido.

— Bem, vejo que vai ser o que eu esperava, um menino com medo de não conseguir fazer o melhor. Então vou comer sozinha tudo o que fiz e dizer à sua mãe que você está pronto para ser um nada.

Ela ia saindo com a refeição quando Rodolf chegou perto dela e a segurou, dando-lhe um abraço onde seu pequeno tamanho

Lina de Alexandria

alcançou. Ficou feito um laço em volta dela e começou a chorar. Natasha sabia que ele tinha entendido alguma coisa, não tudo, mas uma parte ele compreendeu; suspirou e voltou-se, abraçando-o fortemente. Não sabia por que, mas sentia que o amava. Ao fazer um esforço para recusar esse sentimento ela endurecia o coração.

Conseguiu convencê-lo a tomar banho e logo depois os dois comeram juntos. Procurou lhe dar frutas e comida leve para que não ficasse doente, tinha ficado muito tempo sem comer nada.

Samantha e as outras auxiliares ficaram surpresas com a mudança repentina de Rodolf. Ele passou a estudar com atenção; perceberam que ele poderia compreendê-las muito bem, não seria difícil aprender a escrever e logo saberia ler, podendo assim entrar em uma boa escola. Notaram que aprendia com rapidez. Rebeca, que já estava morando com o filho na escola, sempre fazia o que lhe pediam sem nada discutir. Todos perceberam quanto Rodolf gostava de Natasha. Onde ela estava, ele procurava também estar. Quando iam ao jardim, os dois ficavam horas mexendo na terra arrancando as ervas daninhas que sufocavam as plantas. Rebeca, mesmo um pouco enciumada, sentia-se feliz ao vê-lo ao lado de Natasha.

– Terei de partir, senhora Indiana! – informou Rebeca.

– Mas Rodolf ainda não está pronto, passaram-se apenas dois meses. Ainda tem muito o que aprender, terá de ficar mais tempo – Natasha não acreditou; depois de tanta insistência, agora iriam partir?

– Sei disso, mas não poderei ficar mais, meu dinheiro já está acabando, e além disso tenho mais uma filha que precisa dos meus cuidados. Menti para o meu marido, ele não sabe que estou na Inglaterra, disse para ele que estaria em casa de parentes. Ele não pode saber o que estou fazendo por Rodolf e quando souber...

Indiana

– Rebeca, você disse que tinha mais dois filhos, agora me diz que tem apenas uma filha?

"O que há de errado com esta mulher?", pensou Natasha.

– Sim, o meu marido tem três filhos, o primeiro teve com uma mulher que já faleceu. Quando nos casamos, me fez prometer que cuidaria do seu filho, que na verdade não me preocupa, pois estuda num internato e só o vemos nas férias, às vezes nem isso. Nossa filha ainda é muito nova, está nas mãos de bons empregados, mas mesmo assim temo por ela.

– Então por que insistiu tanto se era para ficar por tão pouco tempo?

– Não disse que levaria Rodolf, vou deixá-lo, agora sei que está em boas mãos, a senhora cuida dele com muito carinho, vejo quanto ele a admira e respeita, isso me tranqüiliza.

– Está sendo muito corajosa, senhora Rebeca, que garantias vai ter de que ele será bem tratado estando longe daqui?

– Todas, senhora Indiana, meu coração o diz. Sei que pensa que por eu ser alemã não tenho sentimentos, mas acredite eu os tenho.

– Sabe quando voltará? – Tentou não responder ao comentário de Rebeca.

– Não ainda; é uma longa viagem. Fale sempre para meu filho que eu voltarei, que estou apenas pensando no futuro dele, prometa! – Rebeca tentava ser forte para não derramar lágrimas.

– Vou falar que ele tem uma mãe muito corajosa e disposta a tudo para deixá-lo feliz e preparado para seguir um caminho mais tranqüilo.

Rebeca, sem agüentar mais, despediu-se em lágrimas. Rodolf não entendia o que se passava, mas logo foi se acalmando ao lado de Natasha. Ela o confortava e dava todas as atenções solicitadas

Lina de Alexandria

por ele. Sempre que Charles aparecia, lhe fazia companhia e juntos brincavam por horas. Ela via pouco o irmão e o sobrinho, mas sabia que tudo estava bem. Eles, vez ou outra, mandavam-lhe cartas encorajando-a a continuar seu trabalho.

Crianças iam aparecendo cada vez mais, muitas delas de lugares distantes, ela temia não ter como acomodá-las, algumas não tinham dinheiro para continuar os estudos de iniciação, seus pais imploravam para que as deixasse ficar.

– O que pensa fazer, Indiana? – Beatriz não tinha pensado nas pessoas que não poderiam pagar.

– Não sei, senhora, são muitas crianças, não imaginava que havia tantas assim – Natasha também se via novamente diante de mais um desafio.

– Eu também não sabia que muitos não tinham condições de voltar para casa diariamente, por morar muito longe. Quando resolvi iniciar este empreendimento, não pensei nas pessoas carentes, o que vamos fazer?

– Ainda não tenho uma opinião formada sobre isso, senhora, mas podemos começar a pensar. Há também as pessoas que não têm condições financeiras de continuar a educação dos filhos em boas escolas e, quando as crianças saírem daqui, o que será delas, uma vez que as preparamos para ingressarem em boas instituições?

– Temos de pensar sobre tudo isso, são muitas nessa situação, teremos de lhes dar escolhas, não podemos ignorá-las como faz o resto de nossa sociedade.

– Estamos preparados para algo maior? – Natasha parecia movida por uma inspiração divina.

– Maior? No que está pensando?

– Senhora, e se fizermos desta escola uma instituição igual à que Charles freqüenta, não apenas para iniciantes como até hoje,

Indiana

contrataríamos professores e mostraríamos como lidar com crianças surdas e, então, estariam aptos para educá-las.

– Indiana, não temos tanto dinheiro assim!

– Não, mas os que têm condições pagarão para os que não têm.

– Como? Pensa que pagarão por outras crianças que não são as deles?

– Sim, mas eles não vão precisar saber disso, cobraremos um valor que nos possibilitará manter também as crianças carentes.

– Não é má idéia, talvez tenha razão, vou falar com Jonathan e perguntar a opinião dele. Podemos limitar o número de crianças que não podem pagar e que moram longe. As que moram perto voltarão para casa diariamente, acho uma boa solução.

A presença de Rodolf interrompeu a conversa.

– O que foi, Rodolf, quer que eu jogue xadrez com você? Agora tenho muita coisa para fazer, quando terminar poderemos jogar, está bem? – Natasha falou com carinho, e Beatriz a olhou com respeito. Ela estava mudando.

Ele balançou a cabeça afirmativamente e saiu com o jogo, pulando de alegria. Natasha sentiu-se satisfeita de saber que ele melhorava a cada dia e se empenhava para se tornar um grande homem. Era seu grande companheiro, em outros tempos ficaria horrorizada só de pensar que estaria de mãos dadas com um alemão, mesmo sendo uma criança. Surpreendia-se muitas vezes indo até o quarto dele no meio da noite para conferir se estava bem. Contava-lhe histórias que tinha aprendido quando criança e também sobre sua passagem pela Índia, contava-lhe coisas de sua infância e muitas vezes embalava seu sono. Sabia que um dia ele teria de partir e isso a fazia triste. Como poderia ter mudado tanto? Ou tinha apenas esquecido que Rodolf era alemão, e sua ferida ainda estava aberta?

137

Beatriz e o marido conseguiram autorização para ampliar a escola e implantar todo o ensino fundamental, dando às crianças surdas os mesmos direitos de todas as crianças. Dali elas poderiam seguir para o ensino médio e logo estariam em estudos mais especializados ou fazendo um curso superior. A escola era simples, mas muito idônea e conquistou a aprovação de todos os que residiam naquela pequena cidade da Inglaterra.

Fizeram a mudança devagar. Os professores teriam de ser treinados para saber como lidar com crianças surdas, muitos poderiam desistir, ao deparar com as dificuldades dessas crianças que viviam em um mundo de silêncio.

O tempo ia passando e Natasha acostumava-se a ver Rodolf, prestativo e muito dócil em tudo o que fazia, à sua volta. Logo, porém, Rebeca voltou para buscá-lo.

– Quando chegou à Inglaterra, senhora Rebeca? – Mesmo contente por seu aluno, Indiana entristecia-se em saber que ele teria de partir.

– Ontem à noite. Foi uma viagem cansativa, a senhora deve saber como são essas viagens – Rebeca falava quase aflita, com muita pressa de rever seu filho.

– Sim, sei, e quer ver logo Rodolf, estou certa?

– Não imagina quanto tenho sentido falta dele.

Naquele momento Natasha admitiu finalmente que estava sentindo algum carinho por um alemão.

Rodolf, quando soube que sua mãe havia chegado, veio correndo ao seu encontro, abraçou-a e quis mostrar tudo que tinha aprendido. Seria um pouco difícil para ela assimilar tudo com a rapidez dele, mas Natasha sabia que ele estava pronto para ensinar os conhecimentos adquiridos. Os dois saíram e foram na direção que Rodolf apontou. Natasha resolveu continuar a

Indiana

fazer suas tarefas. Quando ia se levantar para tomar um chá, foi indagada:

– Senhora, por favor, viu a senhora Rebeca? Estou cansado de esperá-la e quero ver meu irmão – disse timidamente um menino.

Natasha olhou para o menino, que devia ter cerca de treze anos; seus olhos de um profundo azul fizeram-na lembrar de alguém, mas não sabia ao certo quem. Era forte e imponente, parecia bem educado e seu inglês era melhor que o de Rebeca.

– Ela está com Rodolf vendo as novidades que ele tem para lhe mostrar e tudo o que tem feito por aqui; se o conheço bem, vai apresentar seus companheiros e professores. E você, quem é? – Natasha ficou curiosa para saber quem era o rapaz.

– Sou Alecsander, senhora, irmão de Rodolf – disse, estendendo a mão para cumprimentá-la.

– Todos me chamam de Indiana. Bem, teremos de esperá-los; o que acha de tomarmos um chá? Poderemos também comer alguns biscoitos que foram feitos hoje mesmo, terei muito prazer com sua companhia. – Natasha via um belo garoto, com cabelos bastante claros e bem finos.

– Não sei se devo, a senhora Rebeca mandou que eu a esperasse lá na sala de espera, não quero criar problemas!

– Também não quero, mas sei como falar com ela. Tenho de cuidar bem das pessoas que me visitam – tentou ser amigável, percebendo a irritação do menino por ter de esperar.

– Está bem, se a senhora acha que não há problema, vou aceitar – continuava tímido, mas não viu nenhum problema em tomar um chá com aquela senhora gentil.

– Venha, vamos à cozinha, Alecsander – Natasha apontou-lhe a direção que teria de tomar. – Você tem um nome muito bonito.

– Obrigado, senhora!

– Rebeca me falou que estuda em colégio interno, está de férias? – Procurou saber mais do irmão de Rodolf, talvez assim se sentisse mais à vontade em sua presença.

– Sim, senhora, e meu pai me mandou acompanhar a senhora Rebeca.

– Vai contar a ele o que sua mãe está fazendo para o seu irmão?

– Não, senhora, ela me garantiu que esta era a melhor forma de meu irmão poder um dia estudar, e eu acredito nela!

– É, me parece que você é um rapazinho muito bom e gosta de Rodolf.

– Sim, senhora, gosto muito dele. Meu pai é que parece esquecer-se de que ele também é seu filho, assim como eu e minha irmã – seu tom de voz era de ressentimento.

– Alecsander, muitas vezes as pessoas fazem coisas de que poderão vir a se arrepender; poderá levar muito tempo até isso acontecer, mas um dia seu pai compreenderá o mal que tem feito a Rodolf e o tratará melhor.

– Rodolf não merece isso, mas não dá importância ao caso.

– Acha mesmo isso? Sempre nos importamos, de uma forma ou de outra, mesmo que não queiramos.

– Desculpe-me, senhora, mas meu pai é um homem muito rígido. Gosto muito dele, mas, creia, ele poderia ser mais amável.

– Fala como um homem, apesar da pouca idade para julgar tão severamente. Veja, já está bem parecido com seu pai, o julga e isso é errado! – Natasha admirava-se em ver como ele parecia maduro.

– Não quero ser como ele – olhou para Natasha como se esperasse ela o encorajar.

Indiana

– Jamais somos iguais uns aos outros, fique tranqüilo, será você mesmo, mas terá muito dele, assim como de muitos que fazem parte de sua vida. Aprendemos bastante uns com os outros e transformamos tudo em costume – Natasha sorriu para ele com ternura.

– A senhora Rebeca me falou que você não gosta dos alemães, mas acho que ela se enganou!

– Não, ela não se enganou; hoje em dia só não gosto dos que me fizeram muito mal. Muitos como você e seu irmão são, como eu, vítimas de um sofrimento sem sentido, de uma guerra que não levou a nada – Natasha sentiu-se envergonhada pela observação.

– Muitos de nós também sofrem por causa das conseqüências das guerras, senhora Indiana.

– Sim, são coisas que o destino nos faz passar para que possamos dar mais valor às pequenas coisas que a vida nos traz e que não valorizamos.

– Não sei se entendi, mas sei como sou recebido muitas vezes em outros países; nós, alemães, somos vistos como assassinos.

– Criança, você é muito jovem para palavras tão severas. Nunca me passou pela cabeça que alguns de vocês tivessem responsabilidades perante a guerra, apenas que o que resultou dela ainda machuca os dois lados.

– Posso lhe perguntar algo?

– Fique à vontade, o que quer saber?

– Não é uma indiana de verdade, é?

– Rapazinho, você é bastante esperto, sou polonesa. Vivi na Índia no final da guerra e depois dela; lá aprendi muito, acredite, gosto de me sentir uma indiana de verdade, sou filha adotiva daquela terra e das pessoas que contribuíram para minha vida ser mais feliz.

Lina de Alexandria

— Sabe, é bem estranho ver uma senhora de pele tão clara vestida de indiana!

Natasha sorriu para Alecsander e admirou suas observações. Gostou dele assim como gostava de Rodolf. Estava feliz por reparar que logo aprenderia a absolvê-lo por ser alemão, apesar do menino não precisar do seu perdão.

Então, Rebeca e Rodolf vieram encontrá-los e aproveitaram para tomar chá. Rebeca disse a Natasha que levaria o filho, sabia que agora ele estava preparado para estudar na Alemanha, estava mais integrado e compreendia que tinha de fazer algo para si. Apesar de sua deficiência, acreditava que seria valoroso para a sociedade, mesmo que seu pai não acreditasse nisso.

Ficaram apenas mais alguns dias. Natasha teve a oportunidade de conhecer melhor Alecsander, seus planos e sonhos. Era um rapazinho ambicioso e preocupado com o bem-estar das pessoas. Disse que seria um homem bom, não queria ter problemas de consciência, como os fantasmas que perseguiam seu pai. Quando partiram, Natasha se esforçou para que as lágrimas não viessem à tona; sabia que ficariam bem. Alecsander prometeu voltar trazendo Rodolf, tão breve quanto possível. Faria tudo para Rebeca atender à sua vontade.

— Obrigada, senhora Indiana, sou eternamente grata – disse Rebeca.

— Não me agradeça, aprendo muito mais com eles do que eles comigo. Sentirei muita falta de Rodolf, ele se tornou um bom amigo para todos nós.

Tempos depois, os dias transcorriam tranqüilos e Natasha mantinha-se concentrada no trabalho. Sentia falta de seu pupilo alemão, mas muitos outros chegavam sucessivamente com tanta carência quanto ele. Isso a fazia sentir-se amada, muito mais do

Indiana

que um dia imaginou ser. Embora não tivesse filhos, sentia como se fosse um pouco mãe de cada um deles. Algumas mães ficavam enciumadas, mas logo se acostumavam com a maneira protetora e muito amável com que Indiana educava as crianças.

— Senhora Indiana, há um senhor que quer lhe falar — Samantha aproximou-se um tanto receosa. Tinha certeza de que algo de errado estava acontecendo, de que o homem que estava à espera de Natasha trazia más notícias.

— Mande entrar, Samantha. O que há de estranho nele para você estar me olhando assim?

— Ele é um indiano, senhora, e me parece bastante tenso.

— Então não o deixe esperando — quem seria o homem, pensou Natasha. Não seria Dahalin, ele com certeza avisaria de sua chegada, mas e se quisesse lhe fazer uma surpresa? Aguardou ansiosa a entrada do homem.

Samantha saiu e logo voltou com o homem. Natasha ficou na sala tentando descobrir o que estava se passando.

— A senhora me reconhece? — perguntou o homem com o rosto cansado.

— É um dos empregados de Dahalin, não é isso? O que faz aqui, ele mandou notícias? Faz muito tempo que não me escreve e tenho trabalhado tanto que também me omiti — tentou se desculpar.

— Sim, trago notícia de meu senhor, mas não é boa, não senhora. Ele pede que vá até ele, disse que não quer partir sem antes vê-la.

— Partir? Para onde ele vai que não poderá mais me ver? — Confusa, ela o observou e lágrimas rolaram em seu rosto. Compreendeu que ele partiria para um lugar em que demoraria muito para se verem novamente. Fazia muito tempo que não o via, mas sentia que ele estava lá, em volta de sua família, e agora, se partisse,

Lina de Alexandria

seria um grande vazio para todos. – O que ele tem de tão grave? – conseguiu finalmente perguntar com dificuldade.

– Senhora, não sei lhe explicar, só sei que é muito grave.

– Eu não sei se poderei ir... – seus soluços abafaram sua voz.

– O senhor Dahalin mandou-me assumir todas as despesas; como ele sabia que a senhora não poderia pagar por uma viagem como essa, ele me mandou até aqui. Não se encabule, senhora, sua presença para ele é muito importante – enfatizou o emissário, que faria qualquer coisa para cumprir um pedido de Dahalin, que sempre o tratou com tanto respeito.

– Quando devemos partir? – Olhou para o homem que a observava como se não esperasse outra resposta que não a confirmação de seu pedido.

– Assim que a senhora estiver pronta.

– Terei de deixar tudo organizado. Vou falar com a senhora Beatriz e assim que estiver tudo em ordem partiremos.

Foi tudo muito rápido. Natasha fez uma lista sucinta das tarefas a serem executadas e deixou ordens para todos. Poderiam trabalhar mesmo em sua ausência. Sabia que seria uma viagem diferente, pois nunca havia posto os pés em um avião, mas estavam correndo contra o tempo para alcançar Dahalin ainda com vida.

Durante a viagem, ambos pareciam ficar cada vez mais tensos assim que iam se aproximando do destino, temendo más notícias, ela por medo de não ter oportunidade de despedir-se e o servidor de não conseguir cumprir o que seu senhor lhe pedira.

A chegada foi emocionante para todos. Entre abraços e lágrimas, Natasha não pôde conter sua felicidade por voltar a tempo, mas a tristeza de saber da doença de seu querido amigo era fatal e cortava sua alma. O vazio já era sentido na bela casa, mas as crianças, que não eram mais tão pequenas, olhavam-na admiradas.

Indiana

– Shinara, agradeço a Deus por estar aqui, mas não queria encontrar uma dor tão imensa – Natasha estava finalmente abraçando sua querida mãe adotiva.

– Minha filha querida, sei disso, mas afinal o nosso destino tem de ser cumprido, faz parte das leis de Deus, e Dahalin não seria diferente de ninguém! – Shinara a olhava com suprema ternura, estava muito feliz em tê-la novamente em seus braços. – Ele está descansando no momento. Agora vá, seu quarto já está arrumado, poderá tomar um banho e também descansar da viagem. Eu vou preparar o que você mais gosta!

Natasha olhava à sua volta, sentia vontade de gritar; seus sentimentos se misturavam num grande turbilhão, de grande alegria por um lado por estar de volta à casa que só lhe trouxe amor e onde pôde aprender tanto, e de grande tristeza por estar partindo um amigo tão querido.

Quando chegou da primeira vez, eles não sabiam quem ela era, mas não se importaram, só queriam seu bem, trataram-na como uma filha amada e fizeram-na sentir que pertencia a todos. Agora, sentia o perfume delicado do lugar, olhava a bela cama, as cores suaves do quarto e a vista alegre da janela, tudo parecia um pequeno paraíso, à parte de todo o resto do mundo. Estava em um lugar divino que havia feito sua alma crescer e amadurecer, teria de agradecer. Talvez a guerra tivesse lhe tirado algo que jamais teve, mas trouxe algo real e verdadeiro.

Shinara lhe disse que podia descansar por algum tempo, mas a ansiedade de ver Dahalin a inquietava. Todos pareciam continuar suas tarefas normalmente; precisavam prosseguir o trabalho que Dahalin havia começado e passado para eles.

– Natasha, venha, ele já acordou e espera por você no quarto – disse Shinara calmamente.

145

Lina de Alexandria

— Shinara, não vou conseguir segurar as lágrimas. — Natasha já soluçava.

— Então chore, mas venha comigo. — Sabia que não poderia calar sua dor.

Natasha entrou no quarto bem devagar seguida por Shinara. Dahalin abriu os olhos, respirava com dificuldade, ela o olhou aflita. Por que um homem que abriu os braços tão-somente para ser bom tinha de padecer tanto e deixar os filhos e a esposa que o amavam? Jogou-se em seus braços e ambos choraram.

— Como o destino pode... ser tão cruel ... não pode partir! — queria gritar e pedir a Deus que poupasse a vida de seu grande mentor.

— Não pode falar assim, minha rebelde filha, aprenda a ser paciente e gentil com Deus, que assim o será com você – Dahalin a consolava.

— Eu não quero que se vá – Natasha, agarrada a ele, chorava.

— Ninguém quer, mas vamos todos ser razoáveis e entender que logo mais estaremos juntos ou ao menos nos veremos.

— Sei o que me ensinou, mas a minha dor não pode ser medida, jamais perdi tanto em minha vida; jamais pude saber qual era a minha maior riqueza, temo ter aprendido tarde demais!

— Jamais aprendemos tarde demais, mas fico feliz em saber que tudo que lhe ensinamos fez de você uma pessoa como é agora, convencida de que tem muito mais a dar que a receber; estou muito feliz de saber que ouve e que vê – mesmo sabendo que Natasha escondia algo, Dahalin tentou respeitar seu silêncio, falando de maneira que ela pudesse se examinar interiormente.

— Não saberia se não tivesse me estendido a mão.

— Ouça bem o que vou dizer: um dia terá de perdoar. Pense no que passou e no que ganhou, esqueça o que perdeu, pois

Indiana

provavelmente o que pensa ter perdido não era a verdadeira história de uma filha tão querida.

— Está me falando da guerra?

— Estou falando da guerra que tem travado todos os dias dentro de si mesma. Saiba que tudo que aconteceu pode ter sido em virtude de sua negligência no passado. Não estou dizendo para inocentar os culpados, estou dizendo apenas para perdoar. A justiça, Deus saberá como fazer!

— Estou tentando esquecer, Dahalin.

— Esquecer não é o melhor, e sim lembrar o que já passou. Agora um novo dia brilhou para você e tem feito muito bem. Sei da escola em que está trabalhando e de suas responsabilidades.

— Dahalin, é maravilhoso o que estou fazendo, não sabe quanto tenho sido feliz ao redor das crianças; elas partem, mas logo chegam outras ocupando os seus e meus espaços.

— Então ocupe o espaço do ódio em sua alma com a gratidão e o perdão — Dahalin precisava fazer com que ela entendesse a lição maior, a do perdão.

— Quero muito fazer o que me pede.

— Vai conseguir, sei disso, é por isso que me orgulho de você, é uma jóia como todas as outras que tenho.

— Sou muito grata a você e a Shinara por me tratarem com tanto amor.

— Somos gratos a Deus, por cumprirmos sua vontade.

— Vou deixá-lo descansar, não pode ficar falando tanto, tem muita dificuldade.

— Já vou descansar, mas ainda tenho algo para dizer. Fiz a partilha entre meus filhos e nela terá sua parte.

— Não quero nada, já tenho tudo de que preciso; me deram muito mais do que pedi.

Lina de Alexandria

— Sempre tão teimosa... Escute, perdemos nossa filha na guerra e a guerra nos trouxe você, que nos tem dado tantas alegrias. Sei que nossa filha ficaria feliz em tê-la como irmã; terá a parte dela.

— Não posso tomar o lugar de sua filha!

— Sabemos que jamais tomará o lugar de nossa amada filha, não é isso que queremos que pense. Não tomamos o lugar de ninguém no coração das pessoas, cada qual tem sua forma de amar e ser amado; nos deu uma nova esperança assim que chegou. Hoje faz um trabalho ajudando pessoas, assim como fazia nossa menina; temos de ajudá-la, e o dinheiro que vou lhe deixar vai ajudá-la a se manter, faça dele o que achar melhor. Não seja teimosa ou orgulhosa, vai ficar com sua parte.

— Os seus filhos têm direitos a ele, divida-o entre eles.

Com o olhar severo, Dahalin falou como um pai e fez com que ela tremesse:

— Não vou falar novamente, não tenho tempo para isso, pegará seu dinheiro, assim como é de minha vontade, e fará dele o que os outros farão, cuidará para que multiplique seus dias com fartura e segurança. Trabalhei todos os meus dias para isso, para poder morrer sabendo que todos ficarão bem.

— Farei o que me pede, Dahalin, prometo fazer – sentia que não poderia negar o que Dahalin lhe pedia.

Shinara observou-a e percebeu o seu respeito para com seu marido. Mesmo doente ele sabia como tomar conta de tudo. Ela teria de ser forte, sabia também que ensinara a todos os filhos o que aprendera, sentia-se segura, mas não poderia deixar de sofrer com a partida do marido. Deixaram-no descansar. As dores eram fortes, Dahalin estava com uma grave doença no pulmão em processo bem adiantado, não havia nada que fazer para salvá-lo da morte. A dor

Indiana

era aliviada apenas com fortes remédios e, mesmo sendo contra o uso dessas drogas, não podiam deixar de medicá-lo.

Natasha resolveu caminhar pelo jardim. O perfume das flores penetrava por toda a casa trazendo uma sensação de tranqüilidade, mas sentiu temor pela partida do amigo. Era mais doloroso do que quando viu seu pai partir.

– Natasha!– Shuara aproximou-se.

– Como se tornou uma bela mulher! – exclamou Natasha.

– Obrigada – disse, abaixando os olhos timidamente.

– Shinara falou-me que se casou e que logo teremos um lindo bebê para nos alegrar – disse, aproximando-se de Shuara, abraçando-a.

– Sinto porque papai não estará aqui quando ele nascer!

– Essa criança trará novamente a esta casa a esperança, não podemos apagar o que Dahalin sempre nos ensinou. A vida vai continuar para todos, cada qual em seu lugar; sua missão poderá ser maior que aquela que teve aqui ao nosso lado – segurou o choro, pois precisava ser forte, não poderia deixar Shuara sofrer mais.

– Suas palavras me confortam. Meu filho será a esperança, uma nova vida que vai brilhar; sei que você se lembra de todos desta casa em oração a Deus e que faz deste lar a fonte de alimento para sua alma.

– Sim, tem sido minha fonte de alimento e tem me ensinado a ser uma pessoa melhor; tenho procurado passar a todos o que aprendi.

– Venha, Natasha, quero que conheça meu marido, ele cuidará de tudo que é nosso até meus irmãos terem idade suficiente para assumir os negócios.

– Não vai demorar, todos já são rapazes.

149

Caminharam no vilarejo em direção à casa de Shuara. Todas as pessoas com que se encontravam paravam perguntando sobre Dahalin; alguns até mesmo choravam ao saber que seu estado piorava a cada dia.

– Ele fará muita falta, sempre foi um grande patriarca para os moradores deste lugar – Natasha comentou com Shuara, sentindo-se semelhante àquelas pessoas.

Chegando à casa de Shuara, a conversa foi longa entre os três, Shuara, seu marido e Natasha, que contou a eles que tinha encontrado seu irmão e o sobrinho e assim passaram a tarde juntos como irmãos.

Ao voltarem para a casa de Dahalin, detiveram-se diante de uma menina encolhida, que chorava sozinha. Shuara contou a Natasha a história de Dara: o pai matara a esposa, que o traíra, e a pequena criança presenciou a cena; ele fugiu logo em seguida. Muitas vezes, Shuara levou a garota para casa e lhe deu comida, mas ela nunca quis ficar. Não falava por conseqüência do choque; Natasha, penalizada, tentou aproximar-se, mas a criança encolheu-se ainda mais.

– O que vai acontecer com ela? – perguntou Natasha, comovida com a menina.

– O mesmo que acontece com outras crianças, ficará pelas ruas – lamentou Shuara, mas não poderiam fazer nada contra a vontade da menina.

– Não podem fazer nada para ajudá-la?

– Tentamos, mas ela se recusa, fica assim por muito tempo, chorando e comendo o que lhe dão.

Natasha a olhou e lembrou-se de si mesma quando Dahalin a encontrou jogada. Sentia-se perdida, e todas as suas emoções tinham desaparecido, sentia-se totalmente vazia. Pela amizade de Dahalin

Indiana

havia se encontrado. A semente que ele plantou desabrochou e a tornou bela. Todos conseguiam ver sua transformação: da pessoa perdida que era para uma grande árvore com belos frutos.

Passados alguns dias da morte de Dahalin, Natasha já se preparava para voltar para a Inglaterra.

– Gostaria que pudesse ficar mais conosco! – Shinara falava um tanto cansada.

– Sinto, mas tenho de continuar meu trabalho, senão ficaria, sabe disso! – Natasha, mesmo sentindo a partida, não via a hora de retornar à escola, que agora era seu lar.

– Sentiremos sua falta! – Shinara, com um pequeno objeto nas mãos, aproximou-se de Natasha – Quero que fique com isto para que se lembre que o sentimento que nos uniu é tão valioso quanto o ouro.

Ela olhou para Shinara, que retirou de uma pequena caixa de madeira, trabalhada com desenhos indianos, um cordão no qual brilhava um medalhão.

Na viagem de volta relembrava a tristeza que foi a partida de Dahalin, o sofrimento estampado no rosto de cada um. O lamento era doído, mas o semblante de seu amigo estava tranqüilo. A morte de um ente querido era uma das mais doloridas emoções que uma pessoa poderia sentir. Nada aliviava a dor, somente a fé na suprema vontade de Deus. Tinha certeza de que Dahalin faria ainda muito mais onde agora se encontrava. Não sabia se voltaria a ver Shinara e seus filhos, mas tinha certeza de que todos estariam unidos por uma força divina, maior que tudo.

– Senhora Indiana, como é bom vê-la. Todos sentiram sua falta, não sabe como precisamos da senhora por perto; mas quem é esta criança? Mais uma aluna? É também uma indiana? Onde estão seus pais? – Samantha não parava de falar.

Lina de Alexandria

– Samantha, como consegue fazer tantas perguntas ao mesmo tempo? Vou mostrar a Dara o lugar e depois conversaremos, mande avisar a senhora Beatriz de que estou de volta – Natasha divertia-se com a curiosidade da moça, mas só explicaria tudo depois, para que ela aprendesse a se conter.

Demorou pouco tempo para que Beatriz estivesse ao seu lado, olhando com curiosidade para a menina que Natasha havia trazido consigo.

– Vejo que Samantha já comentou sobre Dara! – Natasha a olhava sabendo que também Beatriz ouvira os comentários frenéticos de Samantha.

– Ela, assim como eu, está curiosa. Quem é? Vai ser mais uma aluna? – Beatriz olhou para a menina, que parecia bastante assustada.

– Dara será minha filha adotiva, trouxe-a da Índia. Vou cuidar dela como se fosse minha filha.

Beatriz olhou-a como se não acreditasse no que ouvia.

– Por que isso? Pode casar e ter seus próprios filhos. Não há razão nenhuma para adotar uma criança!

– Há razões, senhora Beatriz. A mãe desta criança foi assassinada pelo pai e ele não a quis mais, fugiu. Ela está sozinha, mas agora teremos uma à outra. Quanto a me casar, não pretendo fazê-lo. – Natasha foi objetiva, ela e a menina eram duas pessoas que dificilmente esqueceriam o passado.

– Ainda é muito jovem, não pode pensar desse modo – Beatriz não podia acreditar que Natasha não quisesse um dia constituir sua família.

– Sabemos que já não sou tão jovem e, além de tudo, meu sonho de casamento já passou!

– Então algum dia pensou em casar?

Indiana

– Sim, mas isso foi antes da guerra, estava noiva antes de tudo acontecer!

– Não sei no que acredita, Indiana, mas para mim a mulher traz em si a vontade de ter filhos e de ter sua vida entrelaçada em um grande amor.

– Senhora, muitas vezes casamento não significa amor entre um homem e uma mulher.

– Então me diga que não seria capaz de amar a um homem e ter filhos? Tudo isso para uma mulher é maravilhoso, nos faz sentir que vivemos para o mundo. Em minha concepção, a vida não tem significado se não formos mães!

– Dara será minha filha.

– Indiana, refiro-me ao filho que sai de nossas entranhas, para o qual olhamos e nos vemos espelhados, coisa que jamais experimentará com essa menina. Veja, ela é morena e você é alva. – Apontava para Dara.

– Se não fosse necessário um pai para gerar um filho, talvez pensasse como a senhora; mas todos somos gerados por um homem e uma mulher, que nem sempre são parecidos entre si – Natasha procurou expor suas idéias. – Se um dia tivesse me casado com um homem de pele escura, com certeza teríamos filhos parecidos com Dara.. Mas já lhe disse: o sangue não tem importância; o que daremos uma à outra, isto, sim, é que é importante.

– Passará pela vida sem saber como é ter um filho de si – Beatriz disse colocando as mãos em seu ventre sem fazer idéia do passado de Natasha.

– Senhora Beatriz, não sabe do que está falando. Ter um filho não basta. É preciso amá-lo.

– Sempre amamos nossos filhos, sabe disso. Mesmo quando estava infeliz por Charles ser surdo, eu o amava, só

Lina de Alexandria

não sabia como demonstrar, mas sempre me preocupei com meu filho. Será que você se importará com Dara como uma mãe verdadeira?

— Muito mais do que me importei com meu filho! — as palavras saíram de sua boca sem que percebesse o que dizia.

Beatriz se assustou com o que declarara Natasha.

— Filho? O que está me falando?

— Tive um filho na guerra, senhora, e não me importei em deixá-lo! — Não podia recuar agora, teria de falar sobre o que mais a atormentava.

— Como? Um filho na guerra? O que aconteceu com ele? — Dando voltas pela sala, Beatriz fazia perguntas transtornada.

— Senhora, não sei o que aconteceu com ele, só sei que o pai o levou consigo.

— Quem era o pai? — Olhava para Natasha e não acreditava em sua tranqüilidade, não havia sentimento em suas palavras.

— Um tenente alemão, senhora.

O susto fez com que Beatriz se sentasse. Quanto a Natasha, ela permanecia imóvel, como se não se importasse em saber o que sucedera ao filho.

— Como pode falar assim friamente? Amou um alemão?

— Jamais amaria um homem como aquele, que matou tanta gente sem motivo algum, que via mães chorando pelos filhos que ele mandara matar. Eu era apenas uma diversão para ele. Não tive como fugir dele e tampouco como evitar que aquela criança nascesse — Natasha falava de seu filho como se ele fosse uma erva daninha que alastrou em seu ventre.

— Mas essa criança, seu filho, Indiana, que culpa tem a pequena criatura?

"Quem é esta mulher à minha frente?", Beatriz estranhava.

154

Indiana

– No sangue dele corria o sangue daquele maldito. Como eu poderia olhar para uma criança que lembrava o martírio de pessoas inocentes e amá-la?

– Ela também é inocente, assim como todos aqueles que morreram e que nasceram durante a guerra!

– Que importa agora o que devo sentir por uma criança que nunca mais vi nem nunca verei?

– Não pensa nele nem por um momento?

– Tenho muito trabalho, senhora, uma nova vida. Não vejo razão alguma para lembrar de algo que me fez sofrer tanto.

– O que está falando, o que pensa que é? Falou-me de amor, de aceitar a vontade divina, mas você fecha seu coração?

– Não posso seguir meus dias chorando, tenho de refazer minha vida e aqui encontrei tudo para alimentar meus dias de esperança!

– Não. Tem feito de seus dias uma farsa; não pode dizer que vai amar uma criança que não é sua filha enquanto odeia seu próprio filho. Como pensa que é o amor? Ele não se divide, é um só, Indiana. Acha que sabe o que é, mas ainda está longe de compreender e ser verdadeira; sua alma ainda sangra e, assim como entre os alemães, seu ódio ainda é muito forte.

– Não é verdade. Rodolf me fez ver como estava errada – Natasha tentou defender-se.

– Reconheceu estar errada, mas não se corrigiu. Sabe, acho que na verdade tem medo do que sente. Quando descobrir, poderá levar um susto. Indiana, seus sentimentos são cristalinos para mim, mas talvez tortuosos para você. Vou embora e peço a Deus que não minta para esta pobre criança como tem mentido para si mesma. Dahalin lhe ensinou e tenho certeza de que você aprendeu, só não tem colocado o que sabe em prática. Não diga mais às pessoas o que fazer, demonstre o que sabe.

Natasha olhou para Dara, que se mantinha sentada olhando-as assustada. Sabia que ela tinha ouvido tudo, mas não tinha certeza se entendera. Em seus documentos, que Shinara obteve com muito esforço, constava que tinha oito anos e jamais tinha freqüentado uma escola. Teria de amá-la muito, só não sabia se poderia fazê-lo. E se estivesse mesmo mentindo para si?

Logo tudo começou a voltar ao normal, Natasha ficava sempre muito atenta a Dara e às outras crianças. Começaram a chegar mais crianças e o tempo de Natasha era quase todo preenchido pelo trabalho; por melhores que fossem os ajudantes e os professores, era ela quem monitorava tudo de perto. Dara a acompanhava a todos os lugares; ainda se recusava a estudar e a brincar com as outras crianças. Natasha tratava-a com carinho, não a forçava a nada, sabia que Dara precisava aprender a confiar nela, assim como Rodolf tinha aprendido.

Com as poucas visitas de Beatriz, que não compreendia suas atitudes com relação ao filho alemão, Natasha sentia-se muito sozinha, mas tampouco ia ver seu irmão e sobrinho. Paulo, depois de muito trabalhar, havia conseguido adquirir uma pequena loja, tal como a do pai antes da guerra. O pai o ajudava em pequenas tarefas e quando atendia os clientes sentia-se renascer. Ele não cansava de agradecer a teimosia da irmã em trazê-lo com ela. Paulo era esforçado e não aceitou o dinheiro que a tia lhe oferecera, queria, ele mesmo, economizar e obter recursos com seu próprio trabalho, dizia que só aceitaria quando esgotasse as possibilidades, mas conseguiu, bem antes do que imaginava, começar seu próprio negócio. Também estava noivo e logo se casaria com uma bela jovem inglesa.

Dois anos depois, Natasha resolveu procurar uma casa nas proximidades da escola para morar com Dara. Era o momento certo, começou a sentir que ambas formavam uma família, estavam começando a se entender; apesar da recusa da menina em falar, já dava os primeiros passos na integração com as outras crianças e com os livros.

Paulo não tardou em se casar. Logo teria um filho e a alegria era grandiosa. Sabia que os laços de união com sua esposa seriam confirmados na criança que estava para nascer. Dara fazia parte dessa família, Sasha a cobria de mimos; nas poucas vezes que se viam dava-lhe um pequeno presente ou bonecas que ele mesmo fazia, e os olhos de Dara brilhavam.

Um dia, quando verificava documentos em sua sala, Natasha surpreendeu-se com uma inesperada visita.

– Rodolf, meu Deus, é mesmo você? Como está grande, onde está sua mãe? – Não podia acreditar, ele estava de volta; ficou muito feliz em revê-lo.

Assim que o abraçou fortemente, Rebeca entrou, abatida.

– Como vai, senhora Indiana?

– Eu estou bem, mas acho que não acontece o mesmo com a senhora, sente-se! – Olhando para Rodolf, pediu para que ele fosse ver Samantha, ela ficaria feliz em reencontrá-lo. – Vá, a escola está cheia de novidades, tem salas novas e muitas crianças, vai gostar; depois volte para me contar o que achou! – falou bem devagar para o garoto entender seus movimentos labiais.

Ele balançou a cabeça afirmativamente e saiu correndo.

– Agora, vamos conversar. O que a traz aqui, senhora Rebeca?

– Tenho de pedir novamente sua ajuda. Rodolf recusa-se a estudar em outra escola. Ia tudo bem, mas não demorou muito e ele não quis mais continuar; fiz tudo para ele mudar de idéia, mas ele só quer estar aqui!

Lina de Alexandria

— Sabe se aconteceu alguma coisa?

— Não sei. E se a senhora permitir, vou deixá-lo aqui e não sei quando poderei vir buscá-lo. Meu marido está muito rigoroso e minha saída da Alemanha é difícil. Veja, isto é tudo o que consegui guardar! — Mostrou-lhe o dinheiro e colocou-o na mesa.

— Sabe o que está fazendo? Se está difícil sair, poderá demorar para vê-lo novamente!

— Farei qualquer coisa para que ele estude e possa adquirir conhecimento bastante para ter condições de conseguir um bom trabalho e progredir.

— E se ele não quiser?

— Com sua ajuda, ele estudará e terá sucesso — ela sabia que ele respeitava Natasha.

— O que pensa que ele pode fazer? — Natasha perguntou querendo saber das reais intenções de Rebeca.

— Não sei, mas poderá ganhar seu próprio dinheiro sem precisar depender de seus pais.

— Sei que está certa, mas suponho que é um grande sacrifício deixá-lo aqui sem saber ao certo quando o verá novamente — quanto mais Natasha conhecia Rebeca, mais admirava sua coragem e o amor que dedicava a seu filho.

— O que quero é ver meu filho bem. O egoísmo em tê-lo perto de mim só o prejudicaria; você o trata com carinho e isso me faz ficar tranqüila.

— Ainda não consigo entender. Você veio de tão longe para seu filho estudar, mas em seu país há boas escolas.

— Talvez exista algum motivo, senhora, quem saberá dizer? Tentei várias escolas, mas Rodolf não se interessou em estudar em nenhuma delas.

— Fico feliz em que ele goste daqui, mas sinto pela senhora!

Indiana

– Estou fazendo o que meu coração me pede. Infelizmente não poderei ficar muito. Terei de voltar logo, peço que cuide dele.

– Vou cuidar, esteja certa disso.

Natasha passou a dedicar-se a Rodolf como a um filho adotivo. Levou-o para morar com ela e Dara, que, influenciada pelo menino, começou a freqüentar a escola. Todos sabiam que ela não era surda e tampouco muda, mas era tratada como se fosse, com uma diferença: ela não precisava olhar os lábios dos professores para saber o que falavam.

Ainda muito fria e distante, Beatriz passava na escola nos finais de tarde para saber se tudo estava bem. Continuava a trabalhar como enfermeira ao lado do marido médico e seus filhos iam se transformando em belos jovens; a ausência deles fazia Natasha infeliz, mas Beatriz os mantinha longe, já não a admirava tanto. Achava que ela não estava disposta a ouvir, que ignorava o que acontecia à sua volta. Beatriz sabia o valor do que ela transmitia para as crianças, mas não conseguia entender como o fazia sentindo tanta amargura.

Algumas semanas transcorreram e Alecsander passou a escrever perguntando pelo irmão. Rebeca não poderia fazê-lo, seu marido não sabia que o menino estava na Inglaterra. Ele escrevia do internato e ela respondia às cartas e os laços entre eles foram se estreitando. Ele já não escrevia apenas para saber do irmão, mas para lhe dizer sobre si e sobre seus sonhos. Um dia seria um grande médico, ia curar pessoas. Natasha admirava sua generosidade e seu amadurecimento; ele não lamentava a perda da mãe, apenas sentia sua falta. Rebeca era uma boa pessoa, mas não lhe dava o mesmo carinho dispensado a seus filhos legítimos; quanto a seu pai, este sempre o tratava com certa rigidez, era a maneira de ele fazer com que o filho assimilasse seus valores. Alecsander ouvia seu pai, mas sentia a vida de maneira diferente.

Natasha vivia em torno dos três jovens, que lhe abriam o coração para sentimentos que apreciava. Mas não conseguia ver nada além do que era conveniente para ela; admirava a todos, para ela era apenas isso.

Ia chegando o terceiro ano em que Rodolf estava com ela; não demoraria muito e teria de ir para outra escola. Pretendia ser professor, para estar junto de pessoas como ele e ensinar o que havia aprendido. Feliz em saber dos planos nobres de Rodolf, Natasha pensou que Rebeca tinha em sua vida dois jovens valorosos.

Natasha não pensava no futuro de Dara, embora ela não fosse mais uma criança, porque Dara ainda teria de percorrer um longo caminho até definir o rumo que daria à sua vida.

Um dia, quando as atividades transcorriam normalmente na escola, um homem exigiu ser recebido por Natasha.

— Senhor, não pode entrar aí, a senhora Indiana está dando aula, por favor! — Samantha tentou entrar na frente do homem, que parecia não ver nada à sua frente.

Antes mesmo que Samantha pudesse impedir, aquele homem furioso que estava acompanhado por Rebeca, que chorava, invadiu a sala de aula. Natasha ficou perplexa e sem poder acreditar no que via transfigurou-se em fúria, criando uma grande confusão. Dara, apavorada, tentou conter a fúria de sua mãe adotiva contra o homem, que estava mais aterrado por vê-la do que pelos tapas que ela lhe dava. Rebeca não entendia o que estava acontecendo.

— Largue minha mãe! — Ninguém percebeu que Dara gritava a plenos pulmões.

Rodolf correu para sua mãe, e logo entrou Beatriz, que ficou assustada como todos os outros.

Indiana

– Saia daqui, vá embora! O que está fazendo em minha escola, seu alemão maldito? – Natasha esmurrava o homem e chorava.

– Natasha!? – O homem estava incrédulo, nunca imaginara que a indiana que dava aulas para seu filho fosse a polonesa do campo de prisioneiros.

Todos se entreolharam e a situação ficou ainda mais confusa. Eles se conheciam, mas de onde? Por que ela se transformara daquela maneira?

– Senhora Indiana, ele é meu marido, Hans, pai de Rodolf – Rebeca aproximou-se e tentou se colocar entre o marido e a fúria da professora de seu filho.

– Como pôde trazer este maldito até aqui? – gritava Natasha.

– Senhora, não consigo entender o que está acontecendo – Rebeca perguntou.

– Ele nunca lhe contou... o que ele fazia... com mulheres... como eu na guerra? – As recordações que jamais se separaram de Natasha ganharam vida. Seus soluços recalcados estavam somente esperando uma chance para vir à tona quando finalmente ela se visse diante de sua mais terrível dor.

– Não sei o que está acontecendo, senhora Indiana, sua atitude é de um anormal! – atalhou Rebeca.

– Anormal? Esse homem com quem se casou, esse, sim, é um anormal! – Natasha respondeu quase gritando.

Beatriz pediu para que Samantha retirasse todas as crianças da sala. Dara recusava-se a sair, teve de ser pega pelo braço e puxada para fora.

– Eu jamais pensei que um dia a veria novamente, Natasha – disse o tenente alemão, que parecia perdido, sem defesa.

161

Lina de Alexandria

— De quem está falando? Afinal o que está acontecendo aqui? — Rebeca já não chorava, estava confusa demais com tudo aquilo. — Alguém, por Deus, pode me explicar? Senhora Indiana, por que agrediu meu marido?

— Seu marido é um assassino, ele e todos os outros. Diga a ela, tenente, o que o senhor, todo-poderoso, fazia com as pobres pessoas que capturava? Diga, é capaz de se revelar na frente de todos agora? Veja — apontou em volta de si — eu exerço o poder aqui, está vendo? Não pertenço mais ao senhor!

Beatriz, sabendo o que estava acontecendo, enfim, pelo menos imaginando, tentava acalmá-la.

— Senhora Indiana, a guerra acabou e todos devem esquecer isso! — disse Hans para acalmar-se e também acalmar Natasha, mas estava muito perturbado com toda aquela situação.

— Eu poderia esquecer, mas por mais que tente não consigo! — Natasha aproximou-se de Hans em lágrimas — Diga, Alecsander é nosso filho?

— Eu poderia mentir, sabe disso, a idade dele diria a verdade — expressou o homem, envergonhado com a maneira como a verdade estava vindo à tona.

Nesse momento, Beatriz testemunhou a perplexidade tanto de Natasha quanto de Rebeca.

— Disse-me que a mãe de Alecsander havia morrido e era alemã! — exclamou Rebeca com raiva.

Natasha riu um riso histérico que comoveu Beatriz, já Rebeca caiu em pranto. Como Hans podia ter sido tão cruel, mentindo para seu próprio filho? Além disso, enganara também toda a família, que sempre acreditara em sua integridade.

— Veja, senhora Rebeca, como fomos traídas pelo destino! Sem saber fomos unidas, eu cuidando de seu filho e você do

Indiana

meu! – Natasha já não sabia mais o que pensar, seus sentimentos confundiam-se e sentia-se castigada.

– Como eu poderia saber? – Rebeca olhava para Natasha – Como poderia prever um dia tão negro!

– Se soubéssemos, jamais nos aproximaríamos uma da outra. Você cuidaria do filho de uma mulher que poderia estar viva? – Natasha procurava agora justificar seu ódio.

– Fomos traídas pelo destino, mas principalmente por um homem que não pensou em ninguém, a não ser em si mesmo! – Rebeca estava decidida a não recuar diante do que sentia. – Mas Alecsander jamais deixou de receber de mim, ainda que não fosse meu filho, cuidados e carinhos; ele, como a senhora, foi uma vítima dos atos impensados de um único homem.

Natasha não podia mais suportar aquela situação, por mais que tentasse.

– Quero que vão embora, preciso ficar sozinha. Jamais imaginei que Alecsander pudesse ser meu filho ou que poderia ver meu filho novamente. Vá, senhora Rebeca, terão muitas coisas para falar, eu não posso dizer nada agora! – Natasha procurou sentar-se e apontou-lhes a direção da porta.

Beatriz os acompanhou até a saída e voltou rapidamente para perto de Natasha.

– Não sei o que posso lhe dizer!

– Eu estou sentindo uma dor tão grande... como... senti quando... – Natasha ia falando em meio a soluços com as mãos no peito. – ...Dahalin partiu. O que devo fazer? Alecsander... é meu filho e Rodolf seu irmão, estavam todo... tempo aqui do meu lado, jamais poderei descrever o que... sinto!

– Está confusa com a surpresa. Estava certa de que este dia jamais chegaria. Veja, tão certo como o Sol nasce todos os

Lina de Alexandria

dias, o destino se encarregou de dizer que estava errada – disse Beatriz.

– Destino, ele me arrancou tantas esperanças, vi tanta dor a minha volta!

– E nem assim deixou seu coração se ocupar com o amor, com o perdão!

– Como pode dizer sobre o que sinto se nem eu mesma sei?

– Indiana, você pensou que dando à luz um filho alemão ele seria incapaz de amar ou de ser caridoso? Viu o Alecsander? Veja, ele é tudo o que você acredita que devamos ser; sinto lhe dizer, mas estava errada em abandonar seu filho com o pai.

– O que pensa que eu faria com o menino? Estávamos em uma guerra, mal consegui sobreviver sozinha; se não fosse a mão santa de Dahalin, jamais estaria viva!

– Como pode continuar a mentir para mim e para si mesma? Deixou Alecsander porque era filho de um tenente alemão? Em nenhum momento pensou no bem-estar dele? Já vivi o bastante para reconhecer nos olhos das pessoas a amargura, e é o que tem em seus olhos! Deve pensar muito bem no que vai fazer agora, o menino merece ter uma mãe que o ame. Se não for para amá-lo, se não conseguir isso, sinto, é preferível que ele pense que a mãe está morta, porque é assim que está, morta, deixou de sentir os sentimentos mais nobres!

Natasha não disse mais nada, apenas olhou Beatriz e abaixou a cabeça. Beatriz saiu da sala deixando-a sozinha. Como seria agora? Desolada, Natasha foi para casa e não reparou que Dara a olhou com desvelo e compaixão e Rodolf, embora também confuso, passou a mão carinhosamente em seu rosto. Lágrimas rolaram em seu rosto; ela queria que eles lhe dessem tudo, o amor puro, inocente, incondicional, sem que ela precisasse retribuir na mesma moeda. Só lhe restara amargura; seu cuidado e carinho não passavam de obrigações. Mas por que ela fazia tudo isso, se gostava de estar com as crianças? Por que havia fechado seu coração para as emoções mais nobres, como disse Beatriz?

Natasha não foi à escola durante muitos dias. As pessoas imediatamente tiraram conclusões e atribuíram essa atitude ao fato de o pai de Rodolf não o querer na escola inglesa e ter a intenção de levá-lo para a Alemanha, onde moravam. Natasha não se alimentava. Samantha resolveu buscar Dara e Rodolf para voltarem a assistir às aulas. Eram levadas de manhã e no final do dia estavam de volta. Freqüentavam a escola como se nada tivesse ocorrido, mas uma boa novidade sobreveio em meio à tragédia: sem que Natasha notasse, Dara tinha voltado a falar. Além disso, como ouvia bem e estudava inglês, não foi difícil para ela recomeçar a aprender.

Natasha sabia que um dia teria de sair de casa e enfrentar a todos, mas por enquanto não poderia enfrentar ninguém, teria, primeiro, de enfrentar a si mesma. Intimamente, tinha feito muitas perguntas e não obtivera respostas que a satisfizessem; teria de ir ao encontro dela mesma, em algum lugar havia se perdido e pretendia se encontrar!

Paulo ficou sabendo que sua tia teve um aborrecimento com um casal alemão e a procurou. Ela não o recebeu, pediu ao sobrinho que se mantivesse longe e prometeu que, quando pudesse, iria até ele e explicaria o que realmente havia acontecido. Contra a vontade, Paulo partiu levando notícias para seu pai, que também se preocupava com a irmã.

Passadas duas semanas, ela se arrumou e saiu decidida a voltar ao trabalho; teria de voltar um dia, teria de olhar para todos os que a aguardavam com curiosidade ou indignação.

Lina de Alexandria

– Como vai, senhora Indiana? Espero que esteja bem melhor. – cumprimentou Samantha, ansiosa por saber o que fizera Natasha se afastar da escola que tanto amava.

– Sim, estou, Samantha, como está tudo, quais são as notícias que tem para me dar? – Natasha mostrou-se inalterada, tentaria continuar sua rotina como se nada tivesse ocorrido.

– Não muitas, senhora – respondeu a moça, já sem esperança de saber dos acontecimentos.

– Isso é muito bom, sendo eu a principal notícia creio que ainda não passaram para outras novidades – disse Natasha, ironicamente. – A senhora Rebeca tem vindo ver seu filho?

– Sim, senhora, todas as tardes, sem o marido!

Natasha não disse mais nada e foi cuidar de seus afazeres, mas antes pediu para darem um recado a Rebeca e seu marido: iriam ter de conversar e que isso fosse rápido, não queria mais adiar.

Mas assim como correm os riachos para os rios e estes, para o mar, os sentimentos de Natasha teriam de continuar a correr para que desaguassem no mais tranqüilo dos oceanos, o do perdão.

Quando Rebeca e Hans vieram, Natasha demonstrava calma, pediu para Samantha providenciar um lanche para todos, assim poderiam sentir-se mais à vontade.

– Como vai, senhora Indiana? – disse Rebeca, bastante temerosa com o rumo que a conversa poderia tomar.

– Talvez como a senhora, bastante confusa. Mas não os chamei aqui para conversas banais, vou logo dizendo o que pretendo fazer – Natasha não queria se sentir intimidada pelo casal –, estive todos esses dias em busca de respostas para essa confusão e a meu ver sei o que podemos fazer.

– Não pode resolver sozinha, estou aqui para levar meu filho de volta e nada me fará mudar de idéia! – antecipou Hans autoritário.

Indiana

— Creio que não, tenente, tem uma dívida para comigo, e eu tenho uma para com sua esposa. Farei qualquer coisa para retribuir a ela todos esses anos que cuidou de Alecsander.

— Pensa que pode me dizer o que posso fazer? — Hans lhe falou duramente; não parecia se intimidar.

— Senhor, não estamos mais em guerra, aqui eu mando; ao contrário das circunstâncias em nosso amargo passado, agora eu é quem estou em uma posição privilegiada.

Hans a olhou furioso e lançou para Rebeca o mesmo olhar; Natasha continuou a falar:

— Como podemos ser completos idiotas? Tentamos sem sucesso o tempo todo magoar pessoas que fizeram parte de nossas vidas. Tem rejeitado seu filho Rodolf desde que ele nasceu, assim como fiz com Alecsander. Não pensamos em um só momento que não poderíamos parar o tempo e, assim como se deu, nos encontramos novamente e de uma maneira bastante surpreendente. A senhora Rebeca não se importou em saber quem eu era. Em seu imenso amor, confiou seu filho aos meus cuidados, implorou para que eu fizesse algo por ele. Como posso dizer que está bem, que podem levá-lo? Ela não se intimidou com as diferenças, não se importou com sua pessoa ou com qualquer outra. Nada a impediu de ajudar Rodolf. Quem sabe se um dia saberei o que Rebeca sente ou o que muitas outras pessoas sentem quando estão prontas para amar de verdade?

— Como pensa em me impedir? — Ele não se dava por vencido.

— Senhor, me deve isso, e eu estou pronta para lhe cobrar. Meu filho está bem e sou grata a sua esposa, e quanto ao senhor, não quero ter de dizer o porquê me deve! — Natasha o olhou nos olhos, não encontrou nada que indicasse raiva.

Lina de Alexandria

Sem nada falar, chorando em silêncio, Rebeca a admirou pela coragem de enfrentá-lo; sabia que ele seria duro com ambas e que poderia não deixar Rodolf na escola aos cuidados de Natasha.

– Agora estamos do mesmo lado, senhor, temos de poupar mais sofrimento; eu mesma já não poderei lutar por tanto tempo e será uma guerra perdida para ambos, vamos apenas nos cansar! – Natasha jogava sua última cartada.

– Creio que não temos escolha. Rodolf vai ficar – disse finalmente Hans, embora contrariado percebendo que ela o vencera.

– Sabia que seria sensato! – disse Natasha sentindo-se vitoriosa.

– Como poderia saber? – Hans perguntou curioso.

– Somos iguais, o ódio ainda nos move, mas sejamos sensatos, não vai querer que seu filho seja ridicularizado e sabe que aqui ele tem aprendido muito e será alguém de que o senhor poderá orgulhar-se, mesmo que jamais diga isso a alguém!

Rebeca respirou aliviada.

– Tem mais, ainda não terminei. Terá de facilitar as visitas de sua esposa para ver seu filho, saberá como fazer! – Natasha viu o espanto de Hans. – Quanto a Alecsander, prefiro que ele não saiba quem sou, ele será mais feliz se achar que a mãe morreu em vez de saber que foi rejeitado como foi.

– Senhora Indiana, conte-lhe os motivos que a levaram a rejeitá-lo, ele poderá perdoá-la! – Rebeca argumentou.

– Creio que o problema não é só esse; por favor, faça o que lhe pedi, cuide dele, a senhora é muito melhor que eu seria em toda a minha vida – Natasha permitiu que o remorso tomasse conta de seu coração.

"Como poderia falar a Alecsander que jamais o quis?"

Indiana

Ao fim dessa conversa, despediram-se. Hans parecia ainda querer falar-lhe, mas se calou e partiram.

Contudo, por mais que entendesse que tudo havia se acertado, Natasha sentia-se vazia. Ao voltar para casa, viu Dara conversando com a criada e ficou atônita.

– Dara, desde quando voltou a falar?

– Eu não sei! – respondeu inocentemente, sem se importar com o que estava acontecendo.

– Bem, depois de tanto sofrimento, vejo que bons ventos começam a soprar em minha vida – Natasha, feliz, abraçou a filha, que sorria.

No dia seguinte, ficou sabendo que, na confusão do seu encontro com o tenente, Dara gritara assustada pedindo que acabassem com a briga. Ficou muito satisfeita em ver sua filha adotiva falando e percebeu que ela devia ir para outra escola. Embora contra sua vontade, Dara fez o que Natasha estabeleceu. Rodolf reclamou de sua ausência, mas aceitou a explicação de Natasha.

A Busca

DURANTE AS FÉRIAS, REBECA VINHA ACOMPANHADA de Alecsander visitar Rodolf. Agora se hospedavam na casa de Natasha; ainda que com certa cautela, ambas procuravam se aproximar uma da outra. Natasha olhava satisfeita seu filho crescer, sentia no íntimo que ele seria um grande homem, assim como Rodolf. Via que Dara também seria uma grande mulher, mostrava-se esforçada, procurava sempre se superar na escola e recebia elogios de professores e amigos. Sem dúvida, Natasha sentia-se bem às voltas com as belas criaturas que floriam em seu jardim, agora repleto de vidas promissoras.

    O mundo sofria uma grande mudança. A tecnologia avançava, no campo da medicina descobria-se a cura para enfermidades graves, embora também surgissem novas doenças; falava-se na paz mundial e no amor; os homens se preocupavam em manter a paz, grandes personalidades alertavam a humanidade sobre a importância do perdão, da paz e da fraternidade; notícias vindas de vários locais do mundo falavam dessa evolução, e o principal

Indiana

elemento para a manutenção da paz era a necessidade de perdoar e entender a igualdade entre todos os povos.

Natasha, como tantas pessoas, surpreendia-se mas apreciava os novos tempos. Ajustava-se e fazia com que as mudanças fossem usadas a seu favor, ia se adaptando e implantando na escola as novas concepções, principalmente de comunicação e pedagogia, pelas quais ela mais se interessava.

Mas Natasha não contava com a decisão inesperada de Alecsander sobre estudar medicina na Inglaterra e de lhe pedir para morar em sua casa. Natasha entendia que enquanto estivesse na universidade, ela não poderia lhe negar morada, mas quando ele concluísse o curso, teria de dizer que ele não poderia continuar mais em sua casa e o porquê disso. Diante disso, resolveu calar-se e evitar conversas com ele. À medida que o conhecia melhor, sentia mais vergonha pelo fato de tê-lo abandonado.

Beatriz a recriminava, assim como Rebeca, por seu silêncio; sabiam quanto ela sofria e quanto aquela decisão a torturava, mas mantinham-se em silêncio.

Em sua casa havia um ambiente alegre graças à presença dos três jovens que se dedicavam prazerosamente aos estudos. Alecsander estava no final dos seus estudos universitários, Dara iniciava o curso de medicina e Rodolf estudava para ser professor, queria seguir os passos de Natasha, dizia que seria seu sucessor na escola. Ela sentia-se ainda mais grata por tê-lo recebido em sua vida.

Um dia, Natasha começou a sentir fortes dores no estômago e resolveu ir ao médico, tendo de fazer diversos exames.

— Então, doutor, o que tenho? — Não achava que fosse algo grave.

— Senhora, sinto em dizer que é muito grave! — o médico lhe informou preocupado.

Lina de Alexandria

– Como, doutor? Tenho sido bastante cuidadosa com minha saúde, me alimento corretamente!

– Não duvido disso, senhora Indiana, tenho conhecimento de seus hábitos e tenho certeza de que é cuidadosa, mas nem sempre escapamos!

– O que tem para me dizer afinal, doutor?

– Bem, sinto muito, mas a senhora está com câncer.

Ela o olhou sem acreditar e furiosa lhe disse que procuraria uma segunda opinião. Saiu do consultório decidida a isso, procurou por Jonathan e apenas mencionou suas dores, queria que ele a examinasse, ele o fez e pediu vários exames, tal como o médico anterior. No dia de saber o resultado, estava certa de que Jonathan lhe diria que estava bem, que era apenas uma pequena dor que deveria ser tratada com cuidado.

– Bom dia, doutor Jonathan! – Estava tranqüila.

– Bom dia, Natasha, sente-se, temos de conversar! – Seu tom de voz era bastante tenso.

– O resultado dos exames... diga-me, está tudo bem? – Não podia acreditar, seria o mesmo diagnóstico?

– Parece-me que sabe muito, não sou o primeiro médico que veio procurar, estou certo?

– Apenas me diga, doutor, o que tenho?

– Câncer, e não está no princípio, há quanto tempo vem sentindo dores?

– Não pode ser, deve ter se enganado – Natasha sentia que seu coração iria parar de bater quando o medo veio ao seu encontro.

– Eu não me enganei, poderá procurar todos os médicos que conhece e eles lhe dirão a mesma coisa; agora é hora de fazermos algo para diminuir suas dores; sinto, mas ainda não existe uma

Indiana

cura definitiva para essa doença; vamos apenas rezar para que cheguemos lá antes do pior! – Por mais gentil que fosse o médico, não a confortava da dor que estava sentindo.

– Quanto tempo acha que posso viver? – Mesmo com as lágrimas prontas a molhar seu rosto assustado, controlou-se para ouvir o doutor Jonathan.

– Não posso dizer ao certo, poderá viver mais que eu ou muito menos!

– Desta guerra, assim sendo, creio que não poderei escapar, doutor Jonathan. Peço que mantenha isso em segredo, não quero nem mesmo que a senhora Beatriz saiba.

– Farei o que me pede.

"Procurando sempre o silêncio para fugir de suas verdades", pensou o médico e amigo.

Natasha agora tinha uma nova batalha a vencer. Tomava grandes doses de remédio para eliminar a dor, que aumentava com o passar dos dias. Procurava controlar-se e continuava a manter seu ritmo de trabalho, mesmo contra a vontade do doutor Jonathan.

Certa noite, ouviu batidas na porta de seu quarto, enquanto lia alguns documentos.

– Pode entrar – disse Natasha, sem tirar os olhos dos papéis que se espalhavam à sua frente.

– Trouxe chá! – disse Alecsander, com um belo sorriso estampado no rosto.

– Alecsander, não devia! – Natasha ficou a contemplá-lo. Vira-o crescer nos últimos anos, tornar-se um belo homem; tinha os traços fortes do pai, mas havia nele uma suavidade que lembrava muito Sasha. Seu filho havia se tornado uma pessoa linda!

– Eu não queria tomar sozinho, me faz companhia?

– Com certeza, sente-se!

Lina de Alexandria

– Tenho observado que anda deprimida, existe algum problema em que posso ajudá-la?

– Como posso ter problemas se tenho em minha vida alguém como você? – Pousou sua mão nas de Alecsander, queria sentir seu calor, queria tê-lo bem próximo.

– Está fugindo do assunto, como sempre faz quando lhe pergunto o que não quer que eu saiba.

– Não estou fugindo do assunto, Alecsander; ter você ao meu lado é mais importante do que imagina.

– Só não consigo entender. Tem ódio dos alemães, mas permite que eu e Rodolf moremos em sua casa? – sempre fazia essa pergunta, mas ela se negava a revelar a verdade.

– Não odeio os alemães, e sim o que fizeram com muita gente. Quanto a você e seu irmão, não haviam nem nascido ainda quando tudo começou. Veja, é bem diferente de todos aqueles que provocaram tantas mortes sem sentido. Foi muito difícil para mim e para muitos entender, nossas feridas são profundas demais e, creia-me, temos muitas delas para nos lembrar! Rebeca me ajudou a perceber que somos únicos. Eu estava generalizando tudo; quando a conheci, percebi meu erro.

– Mas não gosta de meu pai? – Tentava novamente saber de seus segredos.

– Alecsander, o que tem isso a ver, agora? Hoje somos felizes, por que se interessa pelo que passou?

– Sinto, senhora Indiana, mas não acredito que tenha esquecido; está muito presa ao que passou, tenho sentido que não fala sem mágoa do que deixou lá atrás, há alguma coisa entre a senhora e Rebeca que não sei o que é!

– Se existe, por que pensa que tem de saber? – Procurou tomar o chá para se manter calma.

174

Indiana

– Vejo, quando me olha, que parece que tem algo a me dizer que não tem coragem!

– E por que não o teria?

– Senhora, vou lhe dizer, não sei o que é, mas tenho certeza de que existe alguma coisa! – Alecsander tentava, mais uma vez, arrancar a verdade de Natasha sem sucesso.

– Alecsander, não sabia que estava me investigando.

Ambos riram.

– Quando a conheci, senhora, confesso que a achei bastante peculiar. Ao me receber em sua vida, como fez com Rodolf, transformou-se, já não a vejo mais como diferente, é igual a todos.

– Tenho que ver isso como um elogio ou uma crítica?

– Não sei, mas quero que saiba, somos humanos, erramos; muitas vezes até pensamos que estamos certos, mas não estamos. Saiba de uma coisa: se um dia eu pudesse escolher minha mãe eu a escolheria, mesmo sendo uma polonesa que se veste como indiana, não me importaria de ser seu filho!

Natasha, ao ouvir Alecsander, empalideceu. Tentou disfarçar seus sentimentos:

– Você tem a senhora Rebeca, que cuidou muito bem de você, não pode dizer isso.

– Sou muito grato a ela, sim, mas não existe no olhar dela o que existe no da senhora!

– Creio que já está muito tarde, preciso ir dormir. Vá, Alecsander, obrigado pelo chá e pela companhia!

– Tenha uma boa noite de sono, senhora.

"Como ele pode me entender, se sempre me escondo?", pensou.

Por toda noite Natasha chorou. Queria pedir perdão a Alecsander, mas não poderia olhar em seus olhos e revelar que o tinha

Lina de Alexandria

concebido e largado com seu pai, como também tinha pedido a Deus que morressem. Sentia-se culpada, mas não conseguia perdoar-se nem perdoar Hans. Culpava-o por seu segredo. Ele arrancara dela a alegria, precisava conviver com seu filho ao seu lado e silenciar-se.

Não demorou muito para que sua saúde piorasse, logo Alecsander percebeu a gravidade de sua doença. Beatriz a visitava e a ajudava nos momentos de crise; como enfermeira, estava sempre à disposição. Além dela, todos se mobilizavam para amparar Natasha.

– Ela vai agüentar, Alecsander? – Dara não queria ver sua mãe partir.

– Não vamos ter falsas esperanças, Dara. Sabe tanto quanto eu que o estado dela é grave.

– Tem de existir algo que a faça se sentir melhor.

– Dara, vai se tornar médica; terá de ver muitos partirem, não podemos alimentar esperanças falsas, não é bom para ninguém. Não sou pessimista, mas temos de colocar nossos pés no chão.

– Alecsander, ela é minha mãe, não importa se não tenho o sangue dela, mas ela me estendeu a mão e devo muito a ela!

– Muitos de nós devemos muito a ela, mas não vamos impedir que a vida cumpra sua parte – Alecsander não sabia por que falava daquela maneira a Dara, escondendo dela a dor imensa que se abria em seu próprio peito por aproximar-se a partida de Natasha.

Sasha estava desolado com a idéia de ver sua irmã partindo; ele não conseguia acreditar que ela, aparentemente tão saudável, fosse embora primeiro que ele; queria estar ao seu lado, mas Beatriz pedia que evitassem visitá-la para que ela não sentisse que estava morrendo. Paulo, no entanto, agora com sua família, fazia visitas

Indiana

diárias; mesmo contra a vontade de Natasha, todos se mobilizavam. Rodolf, a seu pedido, tomava conta da escola, onde fazia um bom trabalho, Beatriz a mantinha sempre informada de tudo.

Ela estava satisfeita, sabia que ao partir seu irmão não ficaria sozinho. Seu sobrinho, que tinha o nome do avô, era diferente dele, audacioso, estava progredindo em seu pequeno negócio, cuidava da família com muito carinho e sem tanto medo como o avô, e mesmo depois de passar por momentos penosos durante a guerra, comentava que queria criar seus filhos sem medo.

Natasha enfraquecia e seu estado piorava a cada dia; começava a ter febre muito alta devido à grave doença. Os remédios já não faziam efeito como antes. Delirando, pedia a Alecsander que a perdoasse.

— Por que ela está sempre repetindo as mesmas palavras, por que tenho de perdoá-la, senhora Beatriz? Conhece-a há bastante tempo, o que ela está querendo me dizer?

— Sabe muito bem que quando uma pessoa delira de febre diz coisas sem nexo! — respondeu Beatriz a Alecsander, procurando ser o mais natural possível.

— Pode ser, mas ela insiste muito, sempre fala as mesmas coisas.

Sentindo que vivia seus momentos finais, Natasha suplicou que Alecsander fosse falar com ela.

— Peço que me perdoe. Contudo, sei que não posso exigir o seu perdão, pois não consigo perdoar nem a mim mesma.

— Como posso lhe perdoar se não sei do que se trata? — Mesmo sabendo da dificuldade de Natasha em falar, Alecsander procurava saber o que se passava.

— Cuide de Dara e de Rodolf, é mais velho e mais forte que eles; vão sentir minha falta!

Lina de Alexandria

— Nunca me responde, está sempre escapando, o que esconde de mim?

— Alecsander, quero que saiba que você é a jóia que neguei, mas se tornou o mais valioso tesouro da minha vida. Rogo a Deus que um dia possa me perdoar.

— Perdoaria se soubesse o que devo perdoar.

Natasha chorou. Fechou os olhos e partiu sem dizer a Alecsander a verdade. A notícia de sua morte se espalhou na pequena cidade da Inglaterra onde viviam, e todos aqueles que conheciam a história da indiana que era polonesa vieram lhe dar o último adeus!

Os alunos de sua escola e suas famílias fizeram fila para se despedir dela. Alecsander, Rodolf e Dara, ao lado do corpo, choraram a dor da partida. Charles, seu primeiro aluno e filho de coração, também chorava, ao lado de seus pais. Sasha revivia a sensação da mutilação novamente. Paulo seguia as recomendações da tia: "quando eu partir não chore, apenas reze em silêncio para que eu saiba que deixei boas lembranças".

Passados alguns dias, Alecsander foi procurado por um advogado, para marcar a leitura do testamento de Natasha, à qual Rodolf e Dara também teriam de estar presentes.

Chegado o dia e, diante do tabelião, o advogado começa a leitura do testamento.

— Vou ler aos três senhores o que a senhora Natasha, conhecida por Indiana, me ordenou a documentar: "Sei que o legado que deixo aqui para meus queridos filhos de coração e de sangue nada significa diante do que me deram; sei que não vão precisar de muito, pois todos têm muito talento, sei que conseguirão com trabalho digno todo o bem que quiserem, mas assim como eu fui presenteada com ele, e não pude negar, peço a vocês que também não o neguem."

Indiana

Depois de lido o testamento, ainda havia espanto e admiração. Natasha tinha comprado a escola e dado a Rodolf; a casa e algumas jóias seriam de Dara; e Alecsander ficou com a maior parte. Eles não conseguiram entender como ela tinha tanto dinheiro e menos ainda a parte que dizia sobre "filho de sangue". Alecsander não queria receber a maior parte, não parecia justo!

– Sinto muito, senhor, mas o testamento não poderá ser alterado! – disse o advogado, perplexo.

– Ela tem parentes próximos, deveria ter dado a minha parte a eles! – Alecsander parecia um tanto perdido com o que acabara de ouvir, não estava entendendo nada.

– Senhor, só ponho no papel o que me pedem, mas digo que jamais vi em toda a minha vida alguém não querer tanto dinheiro!

– O que há de errado nisso tudo, Dara? – perguntou Alecsander, na expectativa de que ela deveria saber como pensava a mãe.

– Não sei, Alecsander, estou tão surpresa quanto você, nunca pensei que ela tivesse tanto dinheiro!

Por muito que tentasse, sabia que ali não encontraria respostas. Mas iria procurar alguém que as tivesse. Saiu decidido, foi ao hospital onde Beatriz trabalhava, não demorou muito em achá-la.

– Disseram-me que quer falar comigo, o que aconteceu? Parece-me aflito. – Já suspeitava do que se tratava, mas teria de se manter em silêncio. Não poderia trair Natasha, ainda mais agora depois de sua partida.

– Sei que sabe de alguma coisa que a senhora Indiana queria me revelar. Ela tentou me dizer antes de morrer, mas não conseguiu, além do mais me deixou uma herança que não tem sentido!

179

Lina de Alexandria

– Alecsander passou a mão pelos cabelos esperando que Beatriz lhe respondesse.

– Por que acha que tenho a resposta?

– A senhora a conhecia há muito tempo e sempre tentou fugir do assunto, assim como ela, quando eu lhe perguntava. O que, por Deus, todos me escondem? – Precisava descobrir a verdade.

– Não posso lhe contar, mas sei quem poderá lhe falar. Procure seu pai, ele tem a resposta para todas as suas perguntas e ele poderá explicar o sofrimento que ela passou por não ter forças para perdoar.

– A única coisa que tenho escutado nos últimos tempos é sobre o perdão, mas o que tem de ser perdoado?

– Alecsander, procure seu pai, não se demore a saber o que Indiana lhe escondeu por tantos anos! – Beatriz sabia que ele precisava saber a verdade, ainda que não fosse por intermédio de sua mãe.

– Se sabe, por que não me conta?

– Não posso, é um segredo que pertence apenas a duas pessoas e somente elas poderiam contar-lhe. Bem, Indiana já partiu, não espere seu pai também partir.

Alecsander, muito nervoso, despediu-se de Beatriz e voltou para casa.

– O que vai fazer agora? – perguntou Dara, aflita por ver o estado de Alecsander.

– Vou para a Alemanha, Dara, vou falar com meu pai.

– Por que não escreve?

– Preciso ter essa conversa com ele olhando em seus olhos, uma carta só o faria esconder o que quero saber!

– E quanto ao seu trabalho?

– Terá de esperar, preciso saber o que está acontecendo.

Indiana

– Será mesmo tão importante assim?

– Tenho certeza que sim, se não fosse já teria as respostas.

Não demorou muito e Alecsander partiu para a Alemanha; ainda que Dara e Rodolf lhe tivessem pedido que não fosse, não deu ouvidos a eles. Rodolf temia pelo confronto de Alecsander com o pai, sabia que Hans era um homem duro e aquela poderia não ser uma conversa amigável.

A chegada repentina de Alecsander assustou Rebeca, que viu nos olhos dele muitos problemas; temia o que seria. Acomodou-o e não fez perguntas, esperaria que ele lhe dissesse o que estava acontecendo.

– A senhora deve estar querendo saber por que estou aqui – Alecsander, mesmo muito tenso, falou carinhosamente à madrasta.

– E pretende me contar? – Rebeca no íntimo sabia o que poderia ser, durante anos temia por esse dia.

– Indiana faleceu há quatro dias. Trago esta carta de Rodolf! – Retirando uma carta de sua pasta, entregou-a para Rebeca.

– Deus, sinto muito não ter estado em sua despedida! – Rebeca sentiu as lágrimas caírem em seu rosto.

– Onde está meu pai? – Alecsander não podia esperar mais.

– Está na biblioteca. Alecsander, o que está acontecendo, por que está tão nervoso?

– Preciso falar com meu pai, senhora.

– Mas será que eu mesma não posso ajudar?

– Também sabe, não é? Será que vai me dizer se eu perguntar?

Supondo o que ele iria perguntar, Rebeca resolveu deixar que Alecsander procurasse pelo pai.

181

Entrou na biblioteca, depois de bater; foi recebido sem muita alegria. Sua partida para morar com Natasha não tinha sido bem aceita pelo pai, que queria que o filho fosse militar como ele, mas, além de recusar, Alecsander ainda fora morar na Inglaterra com o irmão e Natasha.

— Como vai? Não sabia que viria! — O pai não se mostrou amigável.

— Temos de conversar! — Não iria mais perder tempo, não partiria sem saber toda a verdade.

— E sobre o que quer conversar? Não pensei que gostasse de falar com seu pai.

— Não se trata disso, o que quero saber não necessita de afeto, quero saber o que Indiana escondia.

— Que devo eu saber daquela mulher? — Hans sentiu seu sangue fugir do corpo e estremeceu.

— Vai ter de me responder! — disse Alecsander aos gritos, fazendo o pai se levantar.

— Pensa que porque se tornou um médico e foi morar longe pode gritar comigo?

— Não vou me desculpar, quero saber a verdade. O que sabia sobre a mulher que enterrei há quatro dias que me suplicava por perdão? Por Deus, o que me escondem? Por que ela me deixou uma fortuna, sendo que sou alemão e nem mesmo sou seu parente?

— Se ela não disse, não há razão para eu dizer! — Hans voltou a respirar.

— Pai, preciso descobrir a verdade! Se eu souber por outros poderei não perdoar a ninguém. Vou repetir, o que sabe sobre a senhora Indiana?

Ouvindo os gritos de Alecsander, Rebeca entrou na sala aflita.

Indiana

– Não vai poder esconder dele, ele tem o direito de saber a verdade e, se não contar, eu mesma contarei. E, da maneira que sei, ele vai odiá-lo!

Vendo que a esposa estava decidida a contar-lhe sobre o que tinha acontecido, Hans resolveu falar.

– Saia, Rebeca, prefiro ter essa conversa a sós com ele.

– Obrigado, senhora, por ter interferido – disse Alecsander para Rebeca agradecido.

Sem falar nada, Rebeca saiu da sala, rezando para que ambos se entendessem. Alecsander, ao saber do que se tratava, dificilmente perdoaria o pai e a mãe, pensou Rebeca angustiada.

– Sinto muito por ela ter morrido e mais ainda por você ser o portador da notícia. Sente-se, vai precisar estar sentado quando souber da verdade – Hans tentava ganhar tempo para começar a falar.

– Não quero sentar, só quero a verdade!

– Sente-se, Alecsander – disse o pai, severo. – Sabia que ela era polonesa?

– Pai, quero saber o que ainda não sei!

– Alecsander, as respostas estão na sua frente. Se somente eu como seu pai e a própria Natasha sabemos a resposta, o que pensa que pode ser? Ela era polonesa!

Alecsander, assustado, não quis acreditar no que tinha deduzido. A maneira como ela o olhava, o cuidado que tinha com ele, apesar de ter com os outros também, percebia que havia algo diferente, as conversas que não iam até o fim... Quando lhe perguntara se nunca teve vontade de casar-se e ter seus próprios filhos, ela respondeu que já os tinha; pensou que falava de Dara... e quanto às suas últimas palavras ao mencionar que ele era a jóia que negara, sem dizer que no testamento era mencionado um "filho de sangue"?

Lina de Alexandria

– Diga-me, quero ouvir – disse, levantando-se e virando o rosto para que o pai não visse suas lágrimas. – Quero ouvir de você!

– Conheci Natasha na guerra, ela seria levada para outro campo de concentração, Auschwitz, onde aqueles que ali entravam morriam. Quando a vi, pela sua beleza, não permiti que a levassem, reservei-a para mim. Ela me odiava e quanto mais ela lutava contra, mais eu me apaixonava; seu rosto se contorcia ao me ver, mas eu a possuía e ela me repudiava ainda mais. Quando descobri que ela estava grávida, não imagina como fiquei feliz. Quanto a Natasha, quis abortar. Seu ódio iria passar, pensei, quando nascer a criança ela vai me amar, mas não foi o que aconteceu. Odiou a nós dois, e quando tive de me desembaraçar dela, procurei o melhor campo de concentração, o Treblinka, embora não houvesse um bom. Ela nem mesmo perguntou o que seria de você, nem mesmo lhe deu um nome, estava feliz em partir e eu desolado. Amei aquela mulher, mas não o bastante para livrá-la da guerra, minha patente estava acima de minhas vontades, mas tinha em meus braços o fruto de meu grande amor. Jamais pensei em vê-la novamente. Quando descobri que Rebeca havia matriculado Rodolf em uma escola na Inglaterra com uma mulher indiana, quase enlouqueci, fui buscá-lo. Não que me importasse em qual escola ele estava, mas sim por ser uma indiana a cuidar dele. Quando entrei na sala de aula, deparei com uma indiana que não era indiana – Fez um breve silêncio enquanto Alecsander, ainda de costas, chorava.

– Ela se assustou, assim como eu! Deveria ter visto a fúria em seus olhos; me esmurrou e todos os que ali estavam ficaram perplexos, não sabiam o que acontecia. Sabe, fiquei feliz em revê-la, aliviado de saber que ainda estava viva, mas, creia-me, ela me odiou ainda mais. Ficou então sabendo que você era o filho dela, me fez aceitar que Rodolf continuasse os estudos em

184

sua escola e que jamais mencionássemos a você que era filho dela. Quando você resolveu ir morar na Inglaterra, o que não pude impedir, assim como ela também não pôde, foi um susto porque teríamos de contar tudo a você, mas era isso o que ela não queria fazer!

– Por que nunca lhe disse que a amava? – Virou-se de frente para o pai. – Por que não contou a ela que se importava, que a queria?

– Alecsander, ela era uma polonesa, e estávamos em um campo de concentração. Como eu poderia revelar o amor que sentia por ela?

– Ambos foram egoístas, só pensaram em sua própria dor. Quanto a mim, quem pensou em mim? – Alecsander gritava e esmurrava a mesa. – Eu sempre senti um vazio que não podia preencher. Queria ter uma mãe, sentir seu abraço, seu afago, e me negaram. Porque pensaram apenas em si mesmos?

– Teria outra coisa para eu fazer? Diga-me o que pensa que aconteceria se eu lhe tivesse falado que a amava?

– Ela me amaria, não me negaria!

– Acha mesmo que ela faria isso? Ela viu muitos de sua gente morrer vítima dos alemães. Tinha mais ódio em si mesma que o amor que eu sentia.

– Tenho pena de vocês dois, carregaram suas culpas e nem mesmo conseguiram ser honestos consigo mesmos!

– Alecsander, se sua mãe tivesse ficado com você, você teria morrido. Ela fez o que era certo!

– Sabemos disso, mas ela não ficou comigo porque não sentia amor por mim, ela nem mesmo se importou comigo! – Sentou-se e colocou as mãos no rosto tentando esconder sua vergonha. – Quero esquecer que um dia a conheci e que também tenho um pai!

– Como ousa? Sempre lhe dei de tudo, estive presente em sua vida, não pode me culpar por não querê-lo como filho!

Lina de Alexandria

– Pensa realmente assim? Ou continua a mentir para não se culpar? Sabe que errou, não poderia obrigá-la a amá-lo, e ela não poderia ter me deixado como se eu simplesmente não existisse. Como pôde ser uma mãe para tantos desconhecidos e ter negado seu próprio filho até seu último dia de vida?

– Disse-me que sempre pedia perdão e lhe deixou uma grande fortuna. Acha mesmo que ela não tentou?

– Não me importa mais o que ela ia me dizer. Está morta, assim como todo o amor que eu tinha por ela e por você. Bem, acho que deixei de amar muitas pessoas e fiquei como um boneco manipulado por mentiras. Vou partir hoje mesmo, não o quero ver mais, morra o senhor também com suas culpas!

– Sou seu pai, não pode falar assim comigo, não tenho de pedir que me perdoe, sempre estive ao seu lado!

– Mas por quê? Por culpa, por amor ou para olhar-me como um troféu seu?

Não houve resposta de Hans. Alecsander levantou-se ainda chorando e saiu, encontrou Rebeca com as mãos juntas como se rezasse.

– Não vou ficar aqui nem mais um minuto. Ficarei em um hotel e partirei logo para a Inglaterra, não quero mais vê-lo!

– Alecsander, não deve culpá-lo, não sabe o que um jovem faz quando está apaixonado!

– Não sei, senhora, mas ele não tinha o direito de fazer da vida de minha mãe o que fez. Quando teve a chance de agir corretamente, escondeu-se no egoísmo, pensando que sempre fora o certo. Minha mãe foi vítima de um ódio do qual não tive participação. Ela teve oportunidade de me conhecer, eles tiveram a chance de me contar a verdade, mas esperaram que eu buscasse as respostas. Não posso achar tudo isso normal!

Indiana

– Pense um pouco, não seja igual a eles!

O rapaz não quis mais ouvi-la, partiu dali para um hotel e logo estava a caminho da Inglaterra. Sabia que lá também enfrentaria as lembranças, mas não tinha idéia do que fazer naquele momento, talvez com o trabalho e com diversos problemas alheios ficasse livre das lembranças!

Chegando, não encontrou ninguém. Talvez estivessem trabalhando, então foi para seu quarto. Logo chegou a criada, ele pediu para que o deixasse sozinho. Pensava: "Como uma mãe deixa um filho assim? Qual era o tamanho do ódio que ela sentia?"

Ouviu passos e logo batidas na porta.

– Entre – disse sem muito ânimo.

– Não esperava que voltasse tão depressa! – Dara o olhava preocupada, via uma grande tristeza em seu rosto.

– Dara, não sabe o que descobri! – Alecsander falou sem entusiasmo.

– Pretende me contar?

– Entre e sente-se, estou chocado com tudo o que descobri.

Contou-lhe tudo o que ouviu de seu pai. Começaram a entender as atitudes de Natasha. Com ar indiferente, ela estava sempre procurando saber de Alecsander, e permitia que Rebeca ficasse em sua própria casa nas férias dele, não falava mais da guerra que lhe havia trazido tanta dor e também não permitia que o assunto fosse comentado. Dizia que teriam de esquecer, que o mundo agora caminhava na direção da paz.

– Como está se sentindo? – Dara procurou ser solidária com a dor do rapaz.

– Vazio, parece que arrancaram algo de mim. Ao menos já sei por que fui seu maior beneficiário! Você é quem deveria ficar com o dinheiro!

187

Lina de Alexandria

– Não seja tolo, ela me deu muito mais a que eu tinha direito. Você, sim, é que deve ficar com o dinheiro, era o que ela queria, tente ao menos se colocar no lugar dela, entenda o sofrimento que ela viveu por tantos anos!

– Quero esquecer tudo, tenho muito trabalho a fazer, sou um médico, e vou ser o melhor, vai ver, não vai ser toda essa história que vai me abalar.

Dara bateu as mãos.

– Bravo, aqui está diante de mim um bravo lutador!

Sorriram e assim que Rodolf chegou também ficou sabendo o que havia acontecido. Ele lamentou por Natasha, como todos sentiu pesar por ela ter sofrido tanto nas mãos de seu próprio pai.

O fato de Alecsander ser filho de Natasha não foi mais comentado. Para todos o assunto já tinha sido esquecido, só havia uma coisa que Alecsander precisava fazer, mas precisava reunir coragem. Quando decidiu que estava pronto, pediu para que Rodolf e Dara orassem por ele.

Entrou na loja de Paulo que já não era tão pequena como antes. Paulo estava com Sasha, que conversava com uma senhora. Ao vê-lo entrar, não sabiam que o que iriam ouvir mudaria suas vidas!

– Alecsander, o que faz aqui? – perguntou Paulo, sem fazer rodeios.

– Sei que não gostam de mim, mas já se passou muito tempo, acho que devemos ter esta conversa! – Alecsander, mesmo temeroso, resolveu dizer a eles o que finalmente havia descoberto.

Sasha despediu-se da senhora e aproximou-se.

– Meu rapaz, sei que minha irmã gostava muito de você e do seu irmão, mas não queira que sintamos o mesmo! – Sasha falou sem mágoa.

Indiana

– Desculpe ter vindo sem avisar, mas o que tenho para dizer é muito importante, acho que devem saber.

– Então fale e vá embora! – disse Paulo bastante nervoso.

– Não pode ser aqui, teremos de ir a outro lugar onde não nos interrompam.

– Venha, vamos para o escritório – Paulo apontou para o local e os três entraram, impacientes por acabar logo com a conversa.

– Bom, meu rapaz, fale logo o que veio falar, eu e meu filho temos muito o que fazer! – Sasha não queria perder tempo.

– Sabiam que a senhora Natasha me deixou uma grande soma em dinheiro?

– Não, pensamos que o que ela havia deixado estivesse com Paulo – Sasha falou admirado. – Antes de falecer, mandou um advogado em nossa casa avisando-nos que tinha investido um dinheiro durante anos, recebido de herança de um indiano, o mesmo que a salvou da guerra.

– Havia muito mais, acreditem! – Alecsander falou um tanto surpreso.

– E por que ela deixou algo para você? Não faz sentido. – Paulo estava enciumado.

– Também pensei sobre isso, Paulo, mas nunca se perguntaram por que ela, odiando tanto os alemães, permitia que eu e meu irmão nos hospedássemos em sua casa?

– Ela era uma tola, gostava do seu irmão, cuidava dele, como fazia com tantas outras crianças! – Sasha lembrou-se de como Rodolf chegara até a irmã, não via mal algum.

– Sim, mas nenhuma delas morava em sua casa! – continuou Alecsander.

– É, nisso você tem razão, estamos sempre tão ocupados que nunca paramos para pensar nisso. – Sasha começava a inquietar-se.

Lina de Alexandria

– Vamos, meu rapaz, fale logo, por Deus, estamos aqui conversando sem chegar a lugar algum!

– Está certo, senhor, eu sou filho de sua irmã – disse Alecsander de uma só vez, temendo desistir e voltar correndo para casa.

– Enlouqueceu, minha irmã jamais amaria um alemão! – Sasha conhecia os sentimentos de sua irmã.

– Não disse que amou meu pai, disse que sou filho de Indiana, ou Natasha como todos a conheceram.

– Meu rapaz, acho que precisa nos contar essa história inteira, ou vamos colocá-lo para fora daqui! – Sasha estava nervoso.

Alecsander mais uma vez narrou sua história. Eles ouviram atentamente e se entreolharam. Sasha deixou as lágrimas caírem em seu rosto e suspirou profundamente.

– Tem certeza de tudo o que está falando, meu jovem? – Sasha não conseguia avaliar o sofrimento vivido por sua irmã.

– Sim, senhor! – respondeu Alecsander aliviado.

– Então, quer me dizer que somos primos? Eu sou primo de um alemão? – Paulo o olhava, procurando alguma semelhança entre ambos.

– Sinto muito, mas sou tão inocente nisso quanto vocês!

– Seu pai foi um crápula, filho! – foi o que Sasha disse; mesmo sabendo que o sobrinho não tinha culpa, desabafou.

– Foi isso que vim falar; agora vou embora.

Alecsander ia partir quando Sasha, agora seu tio, lhe falou:

– Não vai querer saber o que penso sobre tudo isso, rapaz?

– Senhor, eu prefiro não saber. Minha mãe não conseguiu me aceitar como filho, por que o senhor agiria de outra forma?

– Tem razão, sua mãe teve motivos, agora entendo toda a tristeza do seu olhar; mesmo rodeada de tanto carinho, culpava-se de ter um filho alemão. Não creio que ela não o amasse!

Indiana

– Se me amasse, me diria a verdade!

– Filho, não podemos agora discutir o que deveria ter sido feito; ela e seu pai estavam na guerra. Se não estivessem, quem saberia dizer se ela não o amaria? E que nós não seríamos uma família feliz, não é?

– Tudo isso já passou, e eu preciso continuar a viver!

– Sim, todos nós precisamos. Sabe, filho, minha irmã estendeu a mão para mim e para muitas outras pessoas. Veja, ela era a polonesa que se vestia como indiana e que vivia na Inglaterra, e você é o filho de um inimigo alemão e de uma polonesa, e mora hoje aqui na Inglaterra. A guerra pode ter causado a morte de muita gente, mas nos mostrou o quanto somos iguais. Não importa como nos vestimos, onde moramos, precisamos continuar a viver. Ela me deixou um belo sobrinho, veja só, que agora é médico e uma moça que muitos admiram e que tenho como filha. Bem, filho, terá de me visitar, não vou gostar de receber notícias suas por outras pessoas, entendeu?

Alecsander se comoveu com as palavras de Sasha e lhe deu um abraço.

– Bem, agora que somos parentes, quero que venha conhecer minha casa quando puder, Alecsander. Minha esposa cozinha muito bem, vai gostar! – Paulo se fez amigável, imaginando o quanto sua pobre tia sofreu em silêncio. Não cometeria, agora, o mesmo erro, queria ter uma família e Alecsander fazia parte dela.

– Pensei que me odiariam! – disse Alecsander, comovido.

– Bem, de que adiantaria odiá-lo? Continuaríamos sendo uma família – respondeu Paulo, dando tapas em suas costas.

O Medalhão

DARA CONCLUIU OS ESTUDOS E LOGO TRABALHARIA como médica. Moravam os três ainda na mesma casa, pareciam irmãos; visitavam Sasha e Paulo com freqüência, eram sempre bem recebidos. O tempo passava e já não se importavam mais com o passado. Charles trabalhava em um museu de arte e também mantinha contato. A vida continuou seu curso. Natasha marcou a vida de todos, havia um pouco dela na vida de muitas pessoas, principalmente entre os alunos que chegavam à sua escola sem esperança alguma de um futuro melhor e que se transformavam em cidadãos respeitados. Sabiam que havia muito amor na pequena figura daquela mulher. Dara sentia sua falta, precisava de conselhos e não sabia mais com quem conversar. Sentindo-se sozinha, fazia planos para o futuro e queria dividir seus objetivos. Começou a trabalhar no mesmo hospital onde o doutor Jonathan clinicava, auxiliado por Beatriz, que era enfermeira. Preferiu a área de pediatria. Gostava de estar perto das crianças e estava se especializando em crianças com deficiências na fala, em fonoaudiologia, ainda era pouco o que a ciência sabia sobre o assunto. Dara pesquisava tudo que podia e que havia de novo. Em casa, à noite, raramente se encontrava com Alecsander, ele trabalhava em outro hospital, mais distante de onde moravam, em uma pequena cidade, e Rodolf poucas vezes voltava para casa no final do dia. A dedicação ao trabalho era parte da vida do grupo. Viam no trabalho a única razão de suas vidas.

Dara lia um livro em seu quarto quando Alecsander bateu à porta.

— Entre, está aberta — respondeu atenta demais ao que lia.

— Estou com vontade de dar uma volta, conversar, está disposta a sair?

— Eu preciso terminar de ler este livro, concluir alguns pontos da minha pesquisa.

— Venha andar um pouco comigo, voltaremos logo — Alecsander pegou em sua mão, puxando-a para que se levantasse.

— Está bem, espere lá fora, vou me trocar — Dara precisava mesmo descansar e arejar a cabeça. Havia muito que se dedicava apenas aos estudos e ao trabalho. Esquecera que havia outras coisas para serem feitas, arrumou-se rapidamente pensando que quanto mais cedo fossem mais rápido voltariam. Mesmo certa de que seria boa a companhia de Alecsander, queria terminar logo suas pesquisas.

— Quer ir aonde? — perguntou Dara, pronta em sua frente.

— Podemos tomar um bom vinho, o que acha?

— Pensei que quisesse apenas andar.

— Mas nada nos impede de tomar um gostoso vinho!

— Está bem, já que me arrancou de minha leitura.

Saíram caminhando bem devagar, conversando sobre o que estavam fazendo, descreviam seus dias e o quanto trabalhavam.

Lina de Alexandria

– Sabe o que tenho vontade de perguntar? – disse Alecsander.

– Espero que não seja algo como quando pretendo casar-me ou se já pensei em ter meus próprios filhos...

– Acha mesmo que perguntaria uma coisa dessas a você?

Dara riu da expressão de espanto de Alecsander.

– Por que está rindo? Eu disse alguma bobagem?

– Era o que parecia; então, o que quer saber?

– Por que não se veste como Indiana? Sei que é indiana de nascimento.

– Bem, não sei, talvez por não querer ser diferente. Quando cheguei, começaram a me vestir como os ingleses e a senhora Indiana jamais me impôs esta questão. De fato, eu jamais havia pensado nisso.

– É mesmo uma bobagem, mas é que ela fazia tanta questão de vestir-se como uma indiana, pensei que desejasse o mesmo para a filha!

– Sabe, ela foi uma grande mãe, jamais me impôs condições de como eu deveria ser, apenas me orientava sabiamente, falava-me coisas tão belas, me trazia perto de si, assim como fazia com todos os que estavam ao seu lado. Sei que poderá não acreditar em minhas palavras, mas ela era uma grande mulher e foi uma mãe maravilhosa. Eu seria apenas uma criança órfã jogada nas ruas se não fosse por ela! – Dara falava e se emocionava ao relembrar.

– Há muitas pessoas caridosas no mundo, poderia ter sido outra a lhe estender a mão!– Sim, é claro. Mas um dia você terá de perdoá-la ou então jamais a entenderá!

– Eu entendi bem os motivos dela! – Havia mágoa nas palavras de Alecsander.

– Alecsander, também sofri muito, mas não vou morrer sem perdoar meus pais. Eles serão julgados pelos seus próprios erros!

194

Indiana

Resolveram mudar de assunto e logo chegaram a um lugar bem aconchegante, relembrando dos tempos em que estudavam e dos momentos difíceis de quando depararam com situações embaraçosas.

– Devia rir com mais freqüência, Dara, torna-se uma mulher bem atraente quando o faz! – Alecsander a olhou como se realmente a visse pela primeira vez, ela era uma bela mulher!

– E por que deveria? Não estou pretendendo me casar.

– Não diga isso, soube que já teve diversos namorados, sendo assim vai pensar um dia.

– O fato de sair com alguém não quer dizer que eu queira me casar.

– Tem razão, mas é uma mulher atraente e inteligente, isso faz com que os homens queiram tê-la ao lado se tiverem uma oportunidade!

– Alecsander, resolveu ser meu irmão mais velho?

– Eu? Não! – Ele se assustou com o que havia pensado. – Venha, vamos voltar, precisa terminar sua pesquisa!

– Perguntou sobre mim, e quanto a você? Já o vi com muitas moças bonitas, alguma delas conseguiu fazer você pensar em casamento?

Ele apenas sorriu, segurou sua mão e voltaram para casa.

– Bem, estamos de volta, agora pode terminar seu trabalho.

– Não vou terminar, vou é dormir.

Alecsander a olhou e ela sentiu que ele o fazia de forma diferente. Resolveu seguir para seu quarto, mas ele foi mais rápido, segurou-a e suavemente passou a mão em seu rosto. Deu-lhe um abraço e, mesmo assustada, ela permitiu que a beijasse; olharam-se, não disseram nada e ela resolveu soltar-se de seus braços e entrar em seu quarto.

Dara resolveu não pensar mais no beijo, nem mesmo queria sair com Alecsander, deviam ter bebido muito vinho. Sempre caminhavam juntos, falavam sobre o trabalho, viviam juntos havia anos na mesma casa e, se não fosse por causa do vinho, teriam se beijado?

Não contou nada a ninguém, mas sabia que não poderia fugir de Alecsander por muito tempo, em breve iriam se encontrar, afinal moravam na mesma casa.

Mais um longo dia passou, até que ao entrar em casa Dara encontrou Rodolf e Alecsander sentados, conversando animadamente.

– Boa noite, como vai, Rodolf? É bom vê-lo, faz muito tempo que não aparece, resolveu morar na escola? – Dara disse irônica e não ousou olhar para Alecsander.

Rodolf, ao responder, disse que gostava de ficar na escola, mais próximo dos alunos.

– Bem, ao menos não esqueceu de nós – ela disse, fazendo charme de criança birrenta.

Rodolf aproximou-se de Dara dando-lhe um beijo carinhoso no rosto e informou-a que estava pretendendo casar-se logo e que então seria mais difícil visitá-los, iria dividir seu tempo entre a escola e o novo lar.

– Nem sabia que estava namorando, quem é a moça? – A surpresa dela foi enorme.

Rodolf explicou que era uma bela professora, que fazia pouco tempo estavam trabalhando juntos e que não poderia mais fugir do sentimento que nutria por ela.

– Agora entendo por que anda dormindo na escola. Só para manter-se perto da moça.

Rodolf riu, afirmando que as professoras não dormiam na escola, apenas alguns coordenadores para manter a disciplina entre os alunos que ali residiam. Disse ainda que pretendia construir uma pequena casa no terreno da escola, assim ele e a futura esposa ficariam bem perto dos alunos.

– É uma bela decisão, Indiana ficaria feliz com esse projeto e com seu casamento. Só espero conhecer a bela moça.

– Eu também quero conhecê-la, quero saber se ela sabe cozinhar como a esposa de Paulo – Alecsander entrou na conversa.

– Alecsander, não diga bobagem. Rodolf está apaixonado! – disse Dara.

– Só por causa disso ela não vai precisar cozinhar?

– Talvez não seja perfeita, Alecsander, mas se ela não souber cozinhar bem, você comerá toda a comida e dirá que está ótima!

Todos riram da brincadeira de Dara, que procurava manter-se indiferente a Alecsander.

Ao se despedir, Rodolf disse que iria trazer Elizabeth para a conhecerem, desta vez estava ali apenas para vê-los e contar "as novidades". Dara foi para o quarto.

– Vai continuar fugindo de mim? – perguntou finalmente Alecsander.

– Não estou fugindo, ia apenas tomar um banho e descansar, tive um dia bastante cansativo! – Dara estava muito tensa, precisava esquecer o que havia acontecido dias antes.

– Tenho percebido que tem tido muitos dias cansativos!

– Alecsander, depois conversamos!

– Conversar, conversar sobre o quê?

– Nada, é que eu pensei que quisesse conversar, apenas isso. Disse que estou fugindo de você, pensei que quisesse me falar algo.

– Dara, creio que anda trabalhando demais. Vá tomar seu banho e descansar, também vou fazer o mesmo, tenha uma boa

Lina de Alexandria

noite! – O que Alecsander queria era uma loucura. De alguma maneira eram irmãos, ela adotada e ele filho legítimo de Indiana, teria de esquecer, iria esquecer!

Ela ficou confusa, pensou que Alecsander estava interessado em saber por que estava evitando ficar sozinha com ele desde a noite em que saíram. Não havia se enganado quanto à quantidade de vinho que haviam bebido nem que haviam se beijado. O que ela desejava realmente que ele tivesse sentido ao beijá-la?

Dara conhecia em seu trabalho outros médicos também indianos. Eles faziam amizades, mas logo partiam, queriam trabalhar em sua terra natal, ali apenas estudavam e adquiriam experiência. Isso levou Dara a pensar: o que estava fazendo na Inglaterra? Sua mãe adotiva havia trabalhado por muitos anos para melhorar as condições de vida de várias crianças e, mesmo que algumas tivessem pago pelos estudos por ela fornecido, muitas que nem mesmo tinham o que comer estudaram em sua escola e assim haviam se tornado grandes pessoas, bem-sucedidas. Algumas não tinham conseguido um bom desempenho por conseqüência do pouco esforço, mas em toda cesta de fruta há sempre algum fruto que se estraga! Natasha procurava envolver os alunos ao máximo para que não desistissem, mas nem sempre conseguia. Dara ia ouvindo sua consciência como havia aprendido, procurando silenciar e fazer meditação. Mesmo sendo médica, sabia que os ensinamentos espirituais de sua mãe eram importantes para sua vida!

Tomou uma decisão. Resolveu procurar Alecsander, depois procuraria os outros e lhes falaria; morava com ele, assim seria a primeira pessoa a saber.

– Está ficando maluca? – Alecsander ficou irado com o que ouviu. – Como pode voltar para a Índia? Não conhece ninguém por lá, Indiana deixou esta casa para que você morasse, se estou incomodando, vou embora, não será preciso ir tão longe!

– Alecsander, não seja intolerante, vou para a Índia, vou para a pequena cidade onde nasci, sei que é uma pequena aldeia, lá há muita pobreza, mas quero ser útil, vou cuidar de crianças que precisam de mim!

– As crianças daqui também precisam de você. O que quer ser, uma freira que vai ajudar todos os indianos?

– Não, quero só ser uma médica que pode ajudar. Quem puder pagar me pagará, mas cuidarei também daqueles que não puderem!

– Aqui poderá fazer o mesmo, é só querer, não vejo necessidade de ir tão longe!

– Tem razão, mas lá há poucas pessoas para fazer o que quero, outros médicos indianos já partiram e estão dispostos a isso!

– Logo vi, essa idéia só veio porque ficou comovida; olhe, quando entender como é lá, vai mudar de idéia e querer voltar!

– Eu já tomei minha decisão, pensei que ficaria feliz por mim e que me ajudaria.

– Não vou ajudá-la em nada, você está fazendo tudo errado, vai querer ser igual Indiana, corajosa e amada. Ela ajudou tantos, mas não conseguiu ajudar a si mesma nem mesmo seu próprio filho. – ele gritava enfurecido com a decisão de Dara. Poderia ser pelo sentimento que nutria por ela?

– Sua mãe o ajudou muito, não seja ingrato, ela o recebeu e você pôde estudar e ser aceito porque todos a admiravam! – ela também começou a gritar em conseqüência da explosão de Alecsander.

– Vá, Dara, faça o que quer, não serei eu que irei impedi-la. Tenha mais sorte que Indiana, seja ao menos sincera consigo mesma, não viva um sonho de outros corações. Quando temos a chance de conhecê-los, são tão falsos como essas jóias que muitas mulheres usam para enfeitar o pescoço.

Alecsander deu-lhe as costas e saiu. Dara ouviu seu passos no corredor se afastando. Ela ficou triste pelo que ele lhe disse, viu que ainda existia muita mágoa no seu coração, ele não aceitava a idéia de não ter ouvido de sua própria mãe a verdade.

Rodolf trouxe Elizabeth para que a conhecessem. Ela era bastante falante. Disse que gostava do que fazia, que teve muita dificuldade para conquistar o coração de Rodolf por não ser muda, mas que agora ela precisava falar pelos dois. Rodolf também não gostou de saber da partida de Dara, mas, como Indiana havia ensinado, acatou, porque não sabemos o que nosso destino nos prepara, temos de ser humildes diante da vontade divina.

Rodolf e Elizabeth iam ficar noivos antes da partida de Dara, que prometeu esperar um tempo, já estavam construindo a casa e logo a data do casamento seria marcada.

Dara preparava tudo, tomava aulas de índi, seu idioma natal, pois teria de reaprendê-lo antes de partir. Sasha, mesmo com muita tristeza, deu-lhe sua bênção, sabia que era o que faria sua irmã no seu lugar. Paulo lamentou a resolução, já formavam uma família. Era preciso muita coragem para a realização do que a jovem pretendia, mas, se não desse certo, todos a estariam esperando de braços abertos, torciam para que tudo saísse como ela esperava!

No noivado de Rodolf e Elizabeth, todos estavam presentes e logo cercaram Dara com perguntas sobre a viagem e recomendações de que deveria pensar bem, pois o seu futuro na Inglaterra já era garantido, enquanto na Índia, como viveria?

Alecsander procurou manter-se ao longe durante toda a festa, era o que estava fazendo ultimamente.

Indiana

Os documentos de Dara já estavam prontos, a casa ficaria aos cuidados de Alecsander. Adiou sua partida até o casamento de Rodolf.

Estava arrumando alguns livros para encaixotá-los quando Alecsander entrou sem bater.

— O que está acontecendo para entrar assim como quem está fugindo de um leão?

— Não vou deixá-la partir para a Índia!

— Alecsander, não tenho mais que conversar com você sobre isso! – Dara continuou a fazer o que estava fazendo.

— Pode não dar certo, já pensou nisso? – Ele usaria todos os argumentos, não poderia deixá-la partir, como viveria sem ela?

— Sim, e posso voltar. Tenho esta casa, que ficará com você; e poderei voltar a trabalhar no hospital, não vejo por que não tentar.

— E se gostar de lá, não vai mais voltar?

— Pretendo voltar um dia, apenas a passeio. Quem sabe o que estou sentido agora não seja o rumo que tenho de seguir?

— Está falando como Indiana, quero que fique, não pode partir!

— Alecsander, não seja infantil. Não vejo por que ficar, estou bem crescida para decidir por mim mesma o que desejo. Sei que somos de alguma forma irmãos e como tal tem de querer o melhor para mim!

— O melhor é ao meu lado. – Aproximou-se de Dara e, segurando-a pelos braços, continuou – Eu não sei como posso falar, mas não vou ser feliz com você tão longe de mim, sabendo que dificilmente poderei vê-la, o que vou fazer?

— Alecsander, não sei aonde quer chegar com essa conversa.

— Quando vai me perguntar por que a beijei?

— O que tem isso a ver com minha viagem?

— Tudo, não sei como falar, não consigo tirar você da minha cabeça. Olhe, eu sei que vivemos muito tempo juntos como irmãos, mas tenho certeza de que não é isso o que sinto, desejo-a, quero-a!

— Eu não sei o que falar, você é filho da minha mãe!

— Não somos filhos dos mesmos pais, sabe disso. Diga para mim, é por isso que está partindo para a Índia?

— Alecsander, somos diferentes. Quero partir, ser mais que uma médica, ver o sorriso no rosto das pessoas, quero sentir o que Indiana sentia ao ver as crianças sorrirem; não poderia ficar ao seu lado, eu me culparia pelo resto da vida, me sentiria incompleta, não é o que quero.

— Não sou o bastante para você?

Dara abriu os braços e envolveu Alecsander.

— Venha comigo, ajude-me como médico — disse ela.

— Não poderia, não sou como pensa.

— Nem mesmo você sabe. Disse-me uma vez que seria melhor que seu pai, então venha comigo.

— E quanto ao beijo?

— Acho que vou precisar de muitos outros para me convencer! — dizendo isso beijou-o apaixonadamente.

Pouco tempo depois, foi realizada uma bela festa de casamento para celebrar a união de dois casais, Rodolf e Elizabeth e Alecsander e Dara. Alguns se surpreenderam, outros disseram que já era esperado e muitos ficaram chocados, afinal eram quase irmãos!

Não importava muito para Alecsander e Dara o que as pessoas pensavam, descobriram que o destino os havia unido e o que falavam não era mais importante que o que sentiam um pelo outro.

Dias depois partiram para a Índia, estavam esperançosos com a nova vida, um novo começo, mas iriam deixar para trás muita gente

Indiana

querida. Sasha lamentou a partida de ambos, perguntou como conheceria os sobrinhos. Fez com que eles prometessem que mandariam ao menos fotos, que escreveriam e que jamais o esqueceriam.

Beatriz sentia-se feliz, queria que sua amiga estivesse viva para ver seus belos filhos casando-se. O destino era muito estranho, pensou.

A filha adotiva de que ela cuidou durante anos e seu verdadeiro filho, que por muitos anos nem mesmo sabia se estava vivo, agora se casavam e, felizes, partiam para o lugar de onde ela veio, a alma renovada. Seria lá que Alecsander também se curaria?

A chegada de ambos à cidade onde Natasha vivera antes não foi como esperavam, os indianos os trataram com frieza, nem mesmo quiseram conhecê-los. Dara agora se vestia como uma indiana. Seria mais fácil, pensou, assim eles perceberiam que ela também era filha daquela terra, mas Alecsander não tinha como disfarçar, era bem claro, com cabelos também claros e os olhos azuis, mesmo vestido como um indiano, não era possível disfarçar sua procedência...

O consultório, na casa deles, era pequeno e os poucos remédios de que dispunham estavam ainda no mesmo lugar passadas várias semanas. O desânimo tomou conta do casal, até uma tarde muito quente, quando adentrou uma bela senhora indiana.

— Fico feliz em ver a pequena filha de Natasha que se tornou médica! — Shuara aproximou-se de Dara com um sorriso doce e palavras suaves, falava melodiosamente.

— Conheceu minha mãe adotiva? — Dara olhou-a com curiosidade, era a primeira vez em muitos dias que alguém entrava no pequeno consultório.

— Sim, e a você também. Comeu muitas vezes em minha casa!

— Agradeço o que fez por mim, mas não a reconheço!

Lina de Alexandria

– Era muito nova, estava muito assustada com o que aconteceu com seus pais. Mas não vim aqui para isso. Há uma pessoa que deseja vê-la, poderá estar pronta no final da tarde para que possamos mandar buscá-la?

– Sim, mas meu marido irá comigo! – Mesmo sem saber ao certo quem era a mulher, que nem mesmo seu nome falou, precisava atender a qualquer chamado para cativar a atenção de todos os que aparecessem.

– Como a doutora preferir, vejo-a mais tarde.

Ficou muito impressionada com a presença daquela senhora, era tranqüila e emanava uma força que a fazia sentir-se bem, como se estivesse ao lado de sua mãe adotiva.

Alecsander, embora um tanto contrariado, acompanhou Dara quando vieram buscá-la. Era evidente que não os estavam aceitando naquela cidade, afinal já se passara quase um mês e ninguém os procurava. Mas por que aquela senhora os queria ver, ou melhor, ver Dara?

Quando se aproximaram do local pretendido, Dara e Alecsander se deram conta de que ali residiam pessoas ricas.

– Obrigada por ter vindo, doutora! – Shuara aproximou-se gentilmente.

– Este é meu marido, Alecsander. Tem uma bela residência!

– Sou Shuara, e este é meu marido. Estes são meus irmãos e suas esposas; somos filhos de Dahalin. Creio que Natasha tenha falado de nós.

– Sim, muito! Nós temos passado por momentos não muitos agradáveis que até me esqueci de procurá-los – finalmente Dara conheceria a família que mudou a vida de sua mãe.

– Ficamos sabendo que ela faleceu! – disse Shuara com pesar.

Indiana

– Sim, faz alguns anos.

Neste momento entrou na sala Shinara, ainda uma mulher muito bonita apesar da idade avançada; todos a observaram aproximar-se de Dara.

– Quero ver a filha de Natasha, pode não ter o sangue dela, mas tenho certeza de que se tornou como ela, sou Shinara.

– Obrigada, minha mãe foi mesmo uma grande mulher! – Dara via então com seus próprios olhos o que tanto Natasha lhe falara: Shinara era a mais doce entre todas as mulheres que conhecera, a paz que emanava dela era quase palpável.

– Sim, sinto por ela não ter se casado e tido filhos; este é seu marido?

– Sim, senhora, Alecsander – Dara, orgulhosa, apresentou seu marido a Shinara.

– Como vai? Conheceu Natasha, Alecsander?

– Sim, senhora, mas não como gostaria! – Não suportava mais ouvir tantos elogios dirigidos a uma pessoa que rejeitara seu próprio filho!

– Parece que não gostava muito dela – Shinara observou.

– Ela foi uma mulher admirável, mas não para quem lhe trazia lembranças amargas – Alecsander não disfarçava seu ressentimento.

– Não estou entendendo, filho, nesta casa todos a conheciam e sabiam que Natasha não era perfeita, mas era difícil que alguém sentisse por ela o que parece sentir.

– Alecsander, por favor! – Dara tentou intervir.

– Deixe-o falar, doutora. – Shinara queria saber por que o marido de Dara nutria por sua amada filha tal sentimento.

– Vai me dizer que não sabia? Todos sabiam a triste história da moça polonesa que teve um filho alemão!

205

Lina de Alexandria

Shinara olhou-o com delicadeza, surpresa com a novidade. O que aquele rapaz dizia? Jamais soube que Natasha tivera um filho, ainda mais alemão, e Dahalin também com certeza não sabia, ele lhe teria dito!

Todos estavam confusos, ninguém soube que ela tivesse dado à luz um filho. Natasha nem mesmo por descuido comentou o assunto.

– Senhora, está passando bem? – Dara, assim como todos, preocupou-se com o silêncio de Shinara.

– O que seu marido falou-me, doutora, é verdade? – perguntou Shinara.

– A senhora não sabia que minha mãe adotiva tinha um filho alemão? – Alecsander não podia acreditar; ela nem mesmo falou de sua existência para aqueles que mais amou.

– Em nenhum momento de sua estada em minha casa ela me falou qualquer coisa sobre isso! – Shinara olhou para ele com dor por vê-lo sofrer.

Alecsander, confuso, resolveu contar toda a história, que vez ou outra Dara completava.

Ninguém se movia, prestavam muita atenção no que ambos diziam; depois de uma longa pausa, o silêncio foi quebrado por Shinara.

– Disse-me que seu pai lhe contou a verdade. E Natasha? Ela nunca lhe falou nada?

– Não, senhora, como lhe disse, quando estava morrendo me pedia perdão e eu nem mesmo sabia do que se tratava!

Shinara então se levantou e chorando ergueu seus braços para o alto. Lamentava não pela morte da filha querida que adotaram no coração, mas por seus ensinamentos não terem sensibilizado aquele coração endurecido por causa da dor; ela não conseguiu

Indiana

dar ao filho um abraço de mãe, nem ao menos o abençoou em sua partida. Todos lastimavam a dor que estava sentindo.

Dara e Alecsander não entendiam o que estava acontecendo, mas sentiam-se solidários!

Shuara aproximou-se.

– Não podem compreender o que estamos sentindo, nossos pais a tinham como filha. A riqueza que sua mãe herdou quando nosso pai morreu é uma prova disso!

– Posso devolver, se assim quiserem! – disse logo Alecsander, com arrogância.

– Por Deus! Não se trata disso, o que nossos pais esperavam de sua mãe era que tivesse recebido outra herança, que lhe deram como foi dada a cada um dos filhos, a do conhecimento. Sua mãe deixou para trás o que aprendeu, e isso vocês não puderam herdar!

– Senhora, eu não queria magoá-los, nem mesmo sabia que ela não tinha contado nada. Como ela tinha tanto amor por sua família, presumi que vocês soubessem! Na Inglaterra, todos soubemos recentemente.

– Acredito que tenham descoberto, assim como sua mãe, a sua existência por acaso.

– Sim. Sentimos muito, Alecsander não conseguiu se libertar da mágoa – disse Dara, com ressentimento do marido.

– Não pode culpar-se, Dara. Vou pedir para que os levem de volta para casa, voltaremos a conversar novamente. Agora tenho de ficar com nossa mãe, a dor dela é muito grande, vai chorar por dias e quando parar vou procurá-los.

Despediram-se e quando chegaram em casa procuraram não se acusar. Alecsander andava nervoso, sentia dificuldade com o idioma e já falava em voltar. Não apareciam pacientes, recusavam-se a se consultar com eles.

Lina de Alexandria

Os dias iam se passando e Dara procurava dissuadir Alecsander de retornar ou estimulá-lo com o aprendizado do idioma. Para ela era mais fácil, tinha nascido ali, o que havia esquecido voltou logo à sua mente como se sempre estivesse estado ali, tudo ficara apenas adormecido!

Transcorridos alguns dias, Shuara voltou e pediu que Alecsander fosse ver Shinara.

— Não temos mais nada para conversar!

— Por favor, não negue isso a ela!

Foi contra a vontade. Chegando à casa, entrou e foi logo levado a um grande pátio, com lindos pilares. Com o jardim em volta, o lugar transpirava muita calma. Shinara estava sentada no chão, cantava um mantra. Alecsander ficou observando-a; quando finalmente terminou, ela levantou-se e sem se virar pediu para que ele se aproximasse.

— Olhe, Alecsander, veja como a vida é perfumada. Sua mãe, para mim, era o perfume que Deus me mandou para aliviar a dor da partida de uma filha querida, que havia estudado para ser médica assim como você e Dara. Ensinamos tudo o que podíamos para Natasha, essa filha tão amada. Sabíamos que havia muitas feridas em seu coração, que o perdão era para ela o mais difícil. Queríamos que ela entendesse a vontade de Deus em sua vida e que o que estava fazendo para as crianças surdas era maravilhoso. Sempre foi rebelde. Ela debatia-se na lama da incompreensão, oramos sem cessar para que se curasse, mas havia muita mágoa no seu pobre coração. Entretanto ela foi mais surda que as crianças a quem ensinou, esteve cega e não se permitiu ver o que Deus lhe trazia pela segunda vez. Bateu em sua porta insistentemente, mas ela a trancou, não permitindo que ninguém a abrisse. Deus colocou seu irmão nas mãos dela,

Indiana

mostrou-lhe a humildade da mãe, nem mesmo assim ela ouviu ou viu. Como quer que me sinta agora? Perdi uma ovelha de meu rebanho e não tenho mais chance nesta vida de ajudá-la, ela perdeu a chance de aprender, passou por tanta dor e talvez terá de passar mais ainda.

— Não consegui entender muito bem o que a senhora acaba de falar, mas sei que sente muito, por minha mãe, o fato de ela mesma não ter me contado a verdade.

— Filho, temos culpas, erros, acertos, dívidas, lições, caminhos, destinos, mas com tudo isso nossa travessia no mundo apenas poderá ser completa se houver o amor, o amor supremo, e ele inclui o perdão. Não queria que sua mãe esquecesse o que passou, mas perdoasse o seu pai, por lhe faltar conhecimento do que fez; tenha plena certeza, os erros dele serão julgados, não cabia a sua mãe o julgamento, nem a mim, nem a você – olhou dentro dos olhos de Alecsander –, não permita que a falta de amor também corroa sua vida. Quanto aos seus problemas com as pessoas da cidade, que não querem fazer consulta com o doutor estrangeiro, já está sendo resolvido; se depois de tudo isso, resolver voltar para a Inglaterra, ao menos venha se despedir de nós!

— Como sabia que estávamos com problemas?

— Moramos em um lugar bem pequeno, mas as pessoas aqui também têm preconceito!

Shinara despediu-se e pediu para que um dos criados lhe mostrasse a saída.

Chegando a sua casa, contou as novidades para Dara, que ficou feliz. Ela queria que Alecsander quisesse ficar.

Conforme Shinara havia prometido, começaram a chegar pessoas e mais pessoas. A princípio vieram tímidas e bastante desconfiadas, mas os filhos de Dahalin fizeram questão de que

Lina de Alexandria

todos soubessem que os novos doutores, chegados da Inglaterra, estavam cuidando de seus filhos e mesmo deles.

Dara e Alecsander, percebendo que havia muita pobreza no local, resolveram então aprender com Shinara e Shuara sobre as plantas medicinais que se transformavam em remédios. Passaram a cultivar e preparar as ervas indicadas para cada doença com muito cuidado, colocando em pequenos frascos os remédios. Começavam a ver os resultados de seus esforços dia a dia. Alecsander já não falava mais em partir, passeava pelas ruas e logo era cercado pelas crianças, de que ele e Dara cuidavam.

Alecsander não sabia por que se sentia tão feliz. Estava rodeado de muita pobreza, crianças muitas vezes desnutridas, pessoas que iam à procura de um médico quando já não havia mais o que fazer. Dara, que o tempo todo tinha a sua volta as crianças do lugar, ensinava-lhes higiene pessoal, ia à casa de seus pais perguntar se estavam na escola, parecia mais assistente social que médica, era cuidadosa e amorosa, falava muitas vezes a mesma coisa até que as pessoas a compreendessem. Ganhavam muito pouco, somente o necessário para sobreviver, recebiam também pessoas frutas, chás, pequenos animais, às vezes riam ao pensar como fariam para abatê-los, prefeririam passar fome a sacrificar aquelas criaturas indefesas. Começavam a se unir não só pelo amor da carne, mas pelo espírito, para além do desejo um completava o outro.

Alecsander, mesmo enfrentando muita dificuldade no idioma, se soltava mais, sentia-se mais próximo das pessoas, muitas vezes perguntavam sobre Natasha, queriam ouvir dele histórias sobre como vivia na Inglaterra, ele contava o que ela fazia, como ensinava as crianças. Nadhi o procurou, o menino mudo agora era um homem e não foi difícil se entenderem. Alecsander muitas vezes se surpreendia pensando em sua mãe com admiração, sentindo alegria por ser filho de Natasha!

Já não estavam morando no mesmo lugar em que moravam quando chegaram. Shinara e sua família tinham arranjado um lugar mais confortável e maior, poderiam atender com mais espaço e ter mais privacidade.

– Onde esteve, andei procurando você a manhã inteira? – disse Dara a Alecsander, demonstrando certa irritação.

– Desculpe-me, saí ainda muito cedo e você estava dormindo tão tranqüila que não quis perturbar seu sono. Fui comprar algumas frutas e quis caminhar pela manhã; aconteceu algum problema, precisou de mim?

– Não, na verdade não aconteceu nada, eu só descobri que estou grávida e precisava falar ao meu marido! – Mesmo muito feliz, Dara não contava com a ausência do marido nessa manhã, sentindo-se abandonada.

Alecsander olhou-a com muita calma e com um belo sorriso no rosto, sem acreditar no que escutava.

– Tem certeza, há quanto tempo?

– Sou médica, fiz o exame e sei que estou grávida de dois meses.

Ele a abraçou dando altas gargalhadas e fazendo com que quem estivesse por perto parasse para ver a felicidade de ambos. Logo a notícia se espalhou, todos queriam cumprimentar o casal, teriam um filho, o que era para todos boas novas dos céus.

Semanas depois, numa tarde de muito calor, Dara, já bem gorda, via o brilho no olhar de Alecsander, que sempre a acompanhava de perto.

– Por que está me olhando desta maneira?

Lina de Alexandria

— Estou pensando no grande amor que tenho por você!

— E quando descobriu isso? – perguntou divertindo-se.

— Há muito tempo, só fico aqui pensando nas palavras de meu pai!

— O que tem ele a ver com o que você sente por mim?

— Nada, ou tudo. Minha mãe, ela a criou e me deu à luz, colocou-nos juntos!

— Mas não respondeu à minha pergunta.

— Sim, respondi. Minha mãe foi amada por meu pai, que se calou, mas e se ele tivesse lhe falado do grande amor que tinha por ela?

— Ela não o amaria, ele era o carrasco, lembra-se?

— Sim, mas não teria me odiado como fez; saberia que eu era fruto de um amor verdadeiro, mesmo que não me quisesse, não me odiaria.

— Ela não o odiava, ela só não sabia como lhe dizer que era sua mãe, talvez se envergonhasse por tê-lo abandonado!

— Talvez, mas o silêncio de ambos tornou a minha vida muito vazia!

— Não diga isso, seu pai lhe deu muito amor, você o fazia lembrar do grande amor de sua vida. Quem sabe, se não fosse a guerra, os dois não teriam se amado?

— A guerra já não existia mais e ela não me amou mesmo assim, minha existência só a lembrava do horror que meu pai a fez passar!

— Alecsander, meu querido, tudo já passou. Ela escolheu o silêncio assim como seu pai; jamais entenderemos as razões deles, mas tenha uma coisa em mente, não seja como eles, é preciso perdoar para que possa se libertar de toda esta mágoa que sente em sua alma. Não carregue este peso!

212

Indiana

– Dara, jamais me calarei diante de você, amo-a e a esta criança que Deus nos está dando!

– A guerra já acabou, coloque um ponto final nessa história.

Alecsander a abraçou, sabia que estava muito feliz ao seu lado.

Bem próximo da época de Dara dar à luz, enquanto Alecsander cuidava de alguns pacientes, ela recebeu um pequeno pacote enviado por Rodolf.

– Abra, Dara, estou com as mãos ocupadas. Quem sabe é um presente para o nosso bebê?

Dara com cuidado abriu a pequena embalagem e logo viu uma pequena caixa toda trabalhada com desenhos indianos, dentro dela um cordão de ouro com um belo medalhão.

– Veja, acho que Rodolf exagerou, não pode ser um presente para nosso filho, é muito grande! – Dara estava encantada.

– Abra a carta e leia para mim, Dara!

– Está bem, vejamos o que ele nos diz:

"Meus queridos, todos estamos muito bem por aqui, fico feliz por saber que logo serei tio. Queremos muito conhecer nosso sobrinho, assim como terão de conhecer o belo sobrinho que têm, seu nome é George. Quanto à pequena caixa, encontrei-a nas coisas de nossa querida 'mãe'. Alecsander, espero que possa ajudá-lo a entendê-la!"

– Ele só manda dizer isso e não fala mais nada quanto aos outros?

– Sinto, mas é só isso o que ele manda dizer!

Alecsander, já com as mãos desocupadas, pegou o medalhão e percebeu que se abria e essa surpresa o paralisou por um momento. Fechou-o e sem dizer nada a Dara saiu correndo em direção à casa de Shinara, sem revelar o que havia visto.

213

Lina de Alexandria

Na casa de Shinara, perguntou por ela e foi informado de que estava no jardim cuidando das plantas.

– Senhora, senhora Shinara, veja o que Rodolf, meu irmão, mandou-me! – Estava nervoso e afobado.

– Olhe só, mas é o medalhão que dei para sua mãe assim que se foi!

– Veja o que tem dentro! – Alecsander, trêmulo, entregou o medalhão a Shinara.

Shinara abriu o medalhão e deixou que lágrimas rolassem em seu rosto.

– Percebe o que isso nos mostra?

– Não, não sei, o fato de ter a foto de Dara e a minha, o que acha, o que quer dizer?

– Veio me procurar para ter certeza, mas deixe seu coração falar e ouça as palavras de sua mãe, soltas ao vento, no canto dos pássaros; quando ouvir vai entender o que isso significa – Shinara sentiu-se aliviada, Alecsander poderia agora perdoá-la. Em seu silêncio, Natasha o amou. Então, olhou-o com piedade e deixou-o sozinho. Shinara agora chorava com alegria, agora ele conheceria o amor verdadeiro.

Alecsander, parado, olhou Shinara saindo e deixando-o sozinho, com o medalhão na mão. Fixou o olhar nele, via a foto de Dara e a sua, começou a soluçar e chorou como se acabasse de nascer, caindo de joelhos e colocando o medalhão sobre o seu coração.

– Minha querida mãe, eu lhe perdôo, assim como perdôo meu pai. A guerra acabou!

Conclusão

MUITAS VEZES, DEIXAMOS QUE NOSSA GUERRA PARticular nos faça soldados sem alma, não conseguimos olhar além da glória. Deixamos para trás o que acreditamos e o que almejamos: ser humanos, ser filhos e pais, ser alguém de quem possamos nos orgulhar ao olharmos no espelho e não termos vergonha de nossos atos.

Deixamos que nossa guerra nos faça corredores em busca de glórias perdidas. Não queremos ser apenas parte de uma história triste ou feliz com personagens que se tornem nossas vítimas, de um passado amargo e sem sentido.

Esta história foi escrita para que possamos perceber o que adormece no grande mar azul, ele se movimenta calmamente sobre a terra, não parece ter força alguma contra nada, esta força no entanto existe e faz horrores, assim como a nossa força adormecida no silêncio de nossa alma!

Façamos de nossa força interior algo grande e importante de que não venhamos nos envergonhar ao recordarmos nossos feitos.

Lina de Alexandria

A glória é para aqueles que buscam o vazio e nada significa se for colocada na frente de nossa maior glória, o amor verdadeiro, que nada deixa para trás. O conhecimento só se completa se tivermos o verdadeiro amor. Não o deixe adormecido dentro de você, não o silencie, ele tem formas concretas, deixe-o correr como correm os rios rumo ao oceano.

Deixe o perfume da vida ser inalado por seu espírito para que ele seja o alívio e o socorro daqueles que o buscam.

Felicidades.

Lee Carroll & Jan Tober

CRIANÇAS ÍNDIGO

As crianças índigo estão nascendo por toda parte. Neste livro – *best-seller* nos Estados Unidos, traduzido para vários idiomas – pais, educadores e profissionais da área da saúde encontram tudo aquilo o que precisam saber para lidar com os índigos, a nova geração.

ÍNDIGOS

Por toda parte, crianças, jovens e adultos índigo estão provocando reações e mudanças. Neste livro – dos mesmos autores de *Crianças Índigo* –, repleto de relatos verídicos, desvende o espírito da nova geração.

Barbara Condron

APRENDA A EDUCAR A CRIANÇA ÍNDIGO

Barbara é mãe de Kiah, uma criança índigo. Este livro é o relato de seu esforço para entendê-lo e educá-lo. Essa busca foi inteiramente relatada por ela: valioso exemplo a ser seguido por pais e educadores!

Egidio Vecchio

EDUCANDO CRIANÇAS ÍNDIGO

Quem são as crianças índigo? Como lidar com elas? Por que são tão questionadoras? Como educá-las? Este livro – além de responder a estas e a diversas outras perguntas – propõe uma educação voltada para os índigos, uma nova pedagogia de valores.

Ronald M. Shapiro e Mark A. Jankowski

BULLIES

Os *bullies* estão por toda parte! Ninguém está livre deles! São pessoas difíceis – enfrentá-las é desagradável. Não dão importância aos outros, nem medem esforços para satisfazer seus próprios interesses. Como lidar com eles? Aprenda, neste livro, como conviver com os *bullies* e evitar que o prejudiquem.

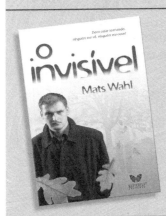

Mats Wahl

O INVISÍVEL

Um fenômeno inexplicável aconteceu com Hilmer Eriksson. De repente, ele ficou invisível! Na sala de aula, seus colegas não notam sua presença. O detetive Harald Fors está à sua procura: Hilmer foi considerado desaparecido! Aproveitando-se de sua invisibilidade, o jovem resolve desvendar o mistério...

Jennie Hernandez Hanks

O SEGREDO DO RELACIONAMENTO COM OS FILHOS

Seus filhos estão descontrolados ou rebeldes? Experimente o genial método de trocas de Jennie. Seguindo corretamente esse revolucionário sistema, seu filho vai mudar radicalmente para melhor! Sugestões exemplificadas, fáceis de entender e colocar em prática!

Yitta Halberstam & Judith Leventhal

MILAGRES DE AMOR E AMIZADE

Sessenta e quatro histórias verídicas que nos revelam verdadeiros milagres, intervenções da providência divina no destino das pessoas. Quando tudo parece perdido, quando não se avistam soluções, eis que os milagres acontecem. Especialmente recomendado para presentear aqueles a quem amamos e desejamos reconfortar, é leitura que incentiva a alegria de viver.

Yitta Halberstam & Judith Leventhal

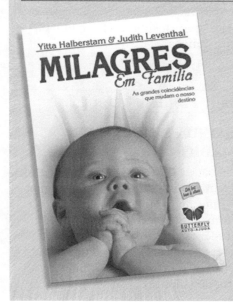

MILAGRES EM FAMÍLIA

Milagre! Nas páginas deste livro emocionante, tudo leva a crer que o acaso não existe. São 56 histórias incríveis, que revelam coincidências incríveis. Quando tudo parece perdido, eis que um milagre altera o destino daqueles que não esperavam a visita da felicidade! Leia e descubra: há uma esperança para aqueles que aprenderam a viver a fraternidade do amor.

Robert Holden

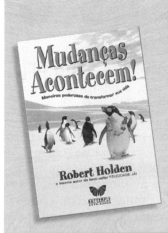

MUDANÇAS ACONTECEM!

Você pode – e deve! – mudar sua vida para melhor. A saúde, a prosperidade, o amor, a paz e o sucesso estão ao seu alcance neste incrível *best-seller*. Livre-se – de uma vez por todas – da mágoa, da insegurança e da desilusão... Afinal, o que você está esperando?

Robert Holden

FELICIDADE JÁ!

É hora de ser feliz! A felicidade está ao alcance neste guia excelente, de quem pretende encontrar a realização pessoal. Páginas vibrantes de um incrível manual, repleto de recomendações práticas para aqueles que desejam viver em paz, livres e felizes...

Robert Holden

RIR AINDA É O MELHOR REMÉDIO

A felicidade e o sucesso estão mais perto de quem é bem-humorado. Rindo, nos libertamos de todas as tensões do dia-a-dia. A medicina do riso não é nenhuma novidade: os efeitos saudáveis da alegria de viver encontram-se no hinduísmo, no islamismo, no taoísmo, no judaísmo e no cristianismo...

Bill & Judy Guggenheim

UM ALÔ DO CÉU

Será que existe vida após a morte? Voltaremos a nos reunir com aqueles que partiram? Os mortos podem comunicar-se conosco? Este livro reúne 353 relatos emocionantes de comunicações pós-morte (CPMs), manifestações daqueles que estão no Além, endereçadas a entes queridos a quem nunca deixaram de amar.

Frank C. Tribbe

JOSÉ DE ARIMATÉIA

Romance histórico revelador que reconstitui momentos decisivos da peregrinação de Jesus. Nele, o Mestre e seus discípulos apresentam-se como nunca foram vistos. Siga seus passos, ouça suas palavras. Conheça um pouco da sua mocidade. Acompanhe-o em sua sublime peregrinação.

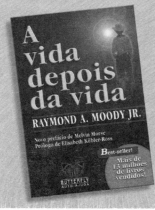

Raymond A. Moody Jr.

A VIDA DEPOIS DA VIDA

Relatos verídicos de experiências de quase-morte de pessoas consideradas clinicamente mortas e que retornaram à vida levam os pesquisadores a acreditar na vida depois da morte. *Best-seller* que já vendeu mais de 13 milhões de exemplares no mundo inteiro.

Américo Canhoto

JOGOS DE AMOR

Américo Canhoto, escritor de sucesso, usa o RPG – *Role Play Game*, o jogo de interpretação de papéis – para ajudar o leitor a encontrar a felicidade no amor. Os participantes assumem o lugar dos personagens e vivem grandes aventuras. Entre outros atrativos, oferece emoções, prazer e espiritualidade...

Amanda ford

SOLTEIRA E FELIZ DA VIDA!

Ser feliz não depende do nosso estado civil. Amanda Ford, escritora norte-americana que é divorciada, demonstra que a mulher solteira tem tudo para viver no melhor dos mundos. De mulher para mulher, explica direitinho o que devemos fazer nos momentos em que nos sentimos sós, tristes e desprotegidas – e muito mais!

Joanna Campbell-Slan

VOCÊ PODE MUDAR SUA VIDA

Em trinta dias, você vai ganhar uma saudável modificação no seu modo de pensar. Neste livro extraordinário um completo programa de transformação pessoal, para vencer dificuldades e viver melhor o dia-a-dia – de bem com você, com os outros e com Deus.

Richard Matheson

AMOR ALÉM DA VIDA

Se você amou o filme, vai adorar o livro! Este é o *best-seller* que deu origem ao sucesso do cinema que emocionou milhões de pessoas! Conheça a história completa de Annie e Chris e viva emoções ainda mais intensas! Descubra, entre dois mundos, a incrível força do amor para a qual não existem barreiras.

Roy Stemman

REENCARNAÇÃO

Toda a verdade sobre a reencarnação. Casos extraordinários revelam a realidade da reencarnação. Por que, quando e onde reencarnaremos? Reencontraremos nossos entes queridos? Mudaremos de sexo? Exemplos verídicos respondem a essas e a muitas outras perguntas...

Carla Wills-Brandon

UM ÚLTIMO ABRAÇO ANTES DE PARTIR

Depoimentos incríveis revelam a presença inegável de parentes e amigos – que já não fazem mais parte deste mundo – ao lado daqueles que se preparam para partir para o outro lado da vida. Pesquisas e relatos que comprovam a realidade das visões no leito de morte.

Catherine Lanigan

UMA AJUDA LÁ DE CIMA

Catherine Lanigan está mais do que certa de que os anjos existem. Neste livro, além das histórias incríveis que comprovam essa afirmação, a escritora descreve suas próprias experiências espirituais, com a intenção de que o leitor descubra como é possível receber a ajuda do Céu.

Catherine Lanigan

NA PROTEÇÃO DOS ANJOS

É possível viver melhor com a providencial ajuda dos anjos! A autora nos aproxima desses verdadeiros agentes da felicidade, ampliando nossa visão espiritual. É tempo de despertar para uma vida melhor: aprenda a contar com a proteção e a inspiração dos anjos!

Catherine Lanigan

QUANDO OS ANJOS NOS PROTEGEM

Depoimentos incríveis e diversos relatos que comprovam a intervenção dos anjos em nossa vida. Aprender a escutá-los, nos inspirando em suas sugestões, é abreviar o caminho que nos conduz na direção da felicidade! Lembre-se: para os anjos, tudo é possível...

Querendo conhecer outros livros da Butterfly Editora, basta acessar o site www.flyed.com.br ou solicitar um catálogo sem compromisso pela Caixa Postal 67545 – Ag. Almeida Lima – CEP 03102-970 – São Paulo – SP.